本书由
中央高校建设世界一流大学（学科）
和特色发展引导专项资金
资助

中南财经政法大学"双一流"建设文库

中|国|经|济|发|展|系|列|

上市公司投资效率研究

——基于经理人薪酬激励和产品市场竞争视角

郑 玲 著

中国财经出版传媒集团

经济科学出版社

Economic Science Press

图书在版编目（CIP）数据

上市公司投资效率研究：基于经理人薪酬激励和产品市场
竞争视角/郑玲著. —北京：经济科学出版社，2019.12
（中南财经政法大学"双一流"建设文库）
ISBN 978 – 7 – 5218 – 1111 – 7

Ⅰ.①上…　Ⅱ.①郑…　Ⅲ.①上市公司 – 投资效率 –
研究 – 中国　Ⅳ.①F279.246

中国版本图书馆 CIP 数据核字（2019）第 286947 号

责任编辑：孙丽丽　纪小小
责任校对：李　建
版式设计：陈宇琰
责任印制：李　鹏

上市公司投资效率研究

——基于经理人薪酬激励和产品市场竞争视角

郑　玲　著

经济科学出版社出版、发行　新华书店经销
社址：北京市海淀区阜成路甲 28 号　邮编：100142
总编部电话：010 – 88191217　发行部电话：010 – 88191522
网址：www.esp.com.cn
电子邮箱：esp@esp.com.cn
天猫网店：经济科学出版社旗舰店
网址：http://jjkxcbs.tmall.com
北京季蜂印刷有限公司印装
787 × 1092　16 开　8.75 印张　140000 字
2019 年 12 月第 1 版　2019 年 12 月第 1 次印刷
ISBN 978 – 7 – 5218 – 1111 – 7　定价：35.00 元

总　序

"中南财经政法大学'双一流'建设文库"是中南财经政法大学组织出版的系列学术丛书，是学校"双一流"建设的特色项目和重要学术成果的展现。

中南财经政法大学源起于1948年以邓小平为第一书记的中共中央中原局在挺进中原、解放全中国的革命烽烟中创建的中原大学。1953年，以中原大学财经学院、政法学院为基础，荟萃中南地区多所高等院校的财经、政法系科与学术精英，成立中南财经学院和中南政法学院。之后学校历经湖北大学、湖北财经专科学校、湖北财经学院、复建中南政法学院、中南财经大学的发展时期。2000年5月26日，同根同源的中南财经大学与中南政法学院合并组建"中南财经政法大学"，成为一所财经、政法"强强联合"的人文社科类高校。2005年，学校入选国家"211工程"重点建设高校；2011年，学校入选国家"985工程优势学科创新平台"项目重点建设高校；2017年，学校入选世界一流大学和一流学科（简称"双一流"）建设高校。70年来，中南财经政法大学与新中国同呼吸、共命运，奋勇投身于中华民族从自强独立走向民主富强的复兴征程，参与缔造了新中国高等财经、政法教育从创立到繁荣的学科历史。

"板凳要坐十年冷，文章不写一句空"，作为一所传承红色基因的人文社科大学，中南财经政法大学将范文澜和潘梓年等前贤们坚守的马克思主义革命学风和严谨务实的学术品格内化为学术文化基因。学校继承优良学术传统，深入推进师德师风建设，改革完善人才引育机制，营造风清气正的学术氛围，为人才辈出提供良好的学术环境。入选"双一流"建设高校，是党和国家对学校70年办学历史、办学成就和办学特色的充分认可。"中南大"人不忘初心，牢记使命，以立德树人为根本，以"中国特色、世界一流"为核心，坚持内涵发展，"双一流"建设取得显著进步：学科体系不断健全，人才体系初步成型，师资队伍不断壮大，研究水平和创新能力不断提高，现代大学治理体系不断完善，国际交流合作优化升级，综合实力和核心竞争力显著提升，为在 2048 年建校百年时，实现主干学科跻身世界一流学科行列的发展愿景打下了坚实根基。

　　"当代中国正经历着我国历史上最为广泛而深刻的社会变革，也正在进行着人类历史上最为宏大而独特的实践创新"，"这是一个需要理论而且一定能够产生理论的时代，这是一个需要思想而且一定能够产生思想的时代"①。坚持和发展中国特色社会主义，统筹推进"五位一体"总体布局和协调推进"四个全面"战略布局，实现"两个一百年"奋斗目标、实现中华民族伟大复兴的中国梦，需要构建中国特色哲学社会科学体系。市场经济就是法治经济，法学和经济学是哲学社会科学的重要支撑学科，是新时代构建中国特色哲学社会科学体系的着力点、着重点。法学与经济学交叉融合成为哲学社会科学创新发展的重要动力，也为塑造中国学术自主性提供了重大机遇。学校坚持财经政法融通的办学定位和学科学术发展战略，"双一流"建设以来，以"法与经济学科群"为引领，以构建中国特色法学和经济学学科、学术、话语体系为己任，立足新时代中国特色社会主义伟大实践，发掘中国传统经济思想、法律文化智慧，提炼中国经济发展与法治实践经验，推动马克思主义法学和经济学中国化、现代化、国际化，产出了一批高质量的研究成果，"中南财经政法大学'双一流'建设文库"即为其中部分学术成果的展现。

　　文库首批遴选、出版二百余册专著，以区域发展、长江经济带、"一带一路"、创新治理、中国经济发展、贸易冲突、全球治理、数字经济、文化传承、生态文明等十个主题系列呈现，通过问题导向、概念共享，探寻中华文明生生不息的内在复杂性与合理性，阐释新时代中国经济、法治成就与自信，展望人类命运共同体构建过程中所呈现的新生态体系，为解决全球经济、法治问题提供创新性思路和方案，进一步促进财经政法融合发展、范式更新。本文库的著者有德高望重的学科开拓者、奠基人，有风华正茂的学术带头人和领军人物，亦有崭露头角的青年一代，老中青学者秉持家国情怀，述学立论、建言献策，彰显"中南大"经世济民的学术底蕴和薪火相传的人才体系。放眼未来、走向世界，我们以习近平新时代中国特色社会主义思想为指导，砥砺前行，凝心聚

---

① 习近平：《在哲学社会科学工作座谈会上的讲话》，2016 年 5 月 17 日。

力推进"双一流"加快建设、特色建设、高质量建设，开创"中南学派"，以中国理论、中国实践引领法学和经济学研究的国际前沿，为世界经济发展、法治建设做出卓越贡献。为此，我们将积极回应社会发展出现的新问题、新趋势，不断推出新的主题系列，以增强文库的开放性和丰富性。

"中南财经政法大学'双一流'建设文库"的出版工作是一个系统工程，它的推进得到相关学院和出版单位的鼎力支持，学者们精益求精、数易其稿，付出极大辛劳。在此，我们向所有作者以及参与编纂工作的同志们致以诚挚的谢意！

因时间所囿，不妥之处还恳请广大读者和同行包涵、指正！

中南财经政法大学校长

前　言

投资活动作为企业未来现金流量增长的重要基础以及企业成长的主要动因，对企业的融资决策和股利政策有直接影响。投资活动的效率问题，是企业财务活动的核心，对于妥善保护企业投资者利益、实现企业的理财目标和企业的生存发展都至关重要。企业投资的效率不仅直接反映为企业的经营成果，还和企业现有资产市值一起体现企业的价值。因而对企业投资效率及其影响机制的探讨对提高企业的管理水平、提升企业价值都有着重大的意义。

尽管近年来国民生产总值一直保持较高的增长速度，但我国目前处于市场经济发展的初级阶段。在这样的社会发展阶段里，企业的投资以及投资效率对于整个国民经济和企业发展都有举足轻重的作用。企业投资行为中的过度投资和投资不足统称为非效率投资。通常认为，过度投资是投资于净现值（NPV）小于零的项目，投资不足则是对 NPV 大于零的项目不予投资，我国经济的快速发展特征决定了上市公司非效率投资行为的主要表现为过度投资，其原因是过度投资的危害远甚于投资不足。许多学者研究指出，非效率投资的发生在资本市场上引起许多负面的反应，造成了资本市场和社会财富的损失，并给上市公司的成长、多元化和利润率等带来不利的经济后果；而非效率投资作为投资决策的表征，其发生反映了公司治理机制的缺陷和治理效率的低下。近年来，我国上市公司非效率投资的发生比例达到了较高的水平，这一现象给资本市场的正常运转带来了威胁，损害了中小投资者的利益。什么样的公司更可能发生非效率投资，进行非效率投资的公司具有什么样的治理特征，如何应对外部的市场竞争成为作者所关心的重要问题。本书从代理人的薪酬激励制度和产品市场竞争两个方面出发，从公司内部治理和外部竞争两个维度研究我国上市公司投资效率的影响因素和影响机制，试图发现何种薪酬激励制度更具有公司治理效率；同时，本书在评述国内外学者对非效率投资的识别及度量方法的基础上，尝试构建新的识别及度量方法，并将之运用于对投资效率影响因素的实际检验中，以我国的上市公司为研究对象，试图通过投资效率与经理人薪酬制度和产品市场竞争之间关系的研究，为我国公司治理的效率提供经验证据，并针对资本市场各相关方提出一些建议。

本书的创新在于：

第一，构建了新的非效率投资识别和度量方法。在评述国内外学者对非效率投资的理论及模型的基础上，本书构建了适合我国上市公司实际情况的非效率投资识别和度量方法，并将之应用于第四、第五和第六章的实证研究，对该方法进行了检验，为我国学者今后的非效率投资研究提供了新的思路和方法选择。

第二，对近年来我国上市公司治理效率的提升进行了数量检验。本书运用非效率投资的识别方法，对2002~2003年我国上市公司非效率投资现象进行分组分析，并与2012~2013年的相同资料分析结果加以比较，发现在我国上市公司的投资中，2012~2013年的非效率部分明显比2002~2003年减少。这一方面揭示了随着证券市场的规范上市公司治理效率的提升，另一方面，加深认识了金融危机对我国上市公司投资行为的影响。

第三，综合考虑了现金薪酬和股权薪酬交叉作用，对不同形式的薪酬制度及其共同作用对上市公司投资效率的影响进行了研究。本书以投资效率为研究视角，研究了经理人薪酬制度的治理效率。在区分上市公司投资效率的基础上，对经理人的现金薪酬和股权薪酬对投资行为的影响进行考量，通过研究方法的推进深化了经理人薪酬和投资行为关系的研究方法。

第四，对经理人投资行为的研究丰富了经理人的投资行为理论。本书从经理人行为的外在压力影响和内在利益需求两个方面对其投资行为的效率进行探讨，丰富了经理人投资行为的影响因素，使得相关研究的适用性更为广泛，为上市公司投资效率研究提供了新的思路。

第五，为产品市场竞争对上市公司投资效率的影响提供了一定的数据支持。本书对我国2012~2013年过度投资及投资不足的上市公司与产品市场竞争程度的关系展开了实证研究，进一步验证了产品市场竞争与企业非效率投资之间的关系模型。

目　录

第一章
导　论

第一节　研究背景与动机

一、研究背景

　　尽管我国证券市场建立的最初目的和功效是为国有企业筹集资金，但其仍是我国经济改革的标志之一。随着我国证券市场的发展，监管制度与法规日益完善，其在国民经济中的地位也日渐重要。2004 年，我国政府明确指出，大力发展资本市场是一项重要的战略任务。① 从此之后，我国证券市场进入了快速发展阶段。而 2005 年 6 月以股改第一股"三一重工"的股改方案被流通股东高票通过表决为标志的股权分置改革更是对我国证券市场中股票市场的长期持久发展具有深远意义。在股权分置改革之初的 2005 年 7 月，上海证券交易所和深圳证券交易所（以下简称"沪深两市"）总市值占当年国内生产总值（GDP）的比例大约为 16%。然而仅仅只经过两年的飞跃发展，到 2007 年 8 月沪深两市上市公司股票总市值便超过 2006 年 GDP 总量，这意味着我国股票市场总市值首次超过 GDP 总量。截止到 2019 年 9 月，沪深两市共有上市公司近 3 700 家，虽然经历了多年"牛熊"转换，目前上证指数为 2008 年最高指数的二分之一，但两市股票总市值仍达到 461 000 亿元左右。② 随着首次公开募股（IPO）的多次重启，我国上市公司越来越多，证券市场规模将持续扩大，在国民经济中的地位举足轻重，证券市场的持续稳定健康发展已成为关乎国家和国民经济发展、关乎社会稳定、关乎国计民生的重大问题。研究上市公司的投资行为及其效率，也就成了财务管理研究的热点。

---

① 《国务院关于推进资本市场改革开放和稳定发展的若干意见》，中华人民共和国中央人民政府，http：//www. gov. cn/gongbao/content/2004/content - 63148. htm.

② 数据来自上海证券交易所网站 http：//www. sse. com. cn/和深圳证券交易所网站 http：//www. szse. cn/。

　　股票市场持续稳定健康发展的动力来自资源的有效配置。然而，上市公司的内部控制人为实现自己企业家的抱负以及自身的利益最大化，往往不顾企业的长远发展倾向于进行非效率的投资，从而影响企业的经营业绩，这种行为对市场的资源配置是一种扭曲，并最终带给投资者重大损失。

　　上市公司内部治理机制的缺陷是导致资源配置扭曲这一状况出现的重要原因。[①] 公司治理机制是使投资者确信其能够从投资中获得相应收益的一系列机制设计和契约安排。[②] 因此，有效的公司治理机制是我国股票市场持续稳定健康发展的基石。

　　当前，保护投资者利益已成为公司治理的公认目标，有效的公司治理机制即为有效保护投资者利益的机制。国内大多数研究以公司业绩为被解释变量，以具体描述公司治理机制的代理变量为自变量，运用回归分析来研究公司治理的效率。但公司业绩不仅不能完全反映投资者保护的力度，而且不同的研究往往得出不同的甚至是相反的结论，难以直接指导实务工作。无可否认，随着这些研究的不断深入，以往研究可能被忽视的治理因素逐步显现，公司治理理论研究得以丰富与发展；但研究结果的争鸣提示我们，我们不应囿于现有的研究视角，而应该采用更广泛的视野来考察公司治理的效率。国外的研究表明，投资效率的高低（效率投资的是或非）可以作为公司治理效率的考察视角。

　　过度投资和投资不足统称为非效率投资。通常认为，过度投资是投资于NPV 小于零的项目，也就是说，高管人员明明知道新的投资项目的收益为负值还继续进行投资，这样的投资行为会降低企业的价值。对于上市公司而言，就会给广大股东带来损失。投资不足则是对 NPV 大于零的项目不予投资，这种现象的产生多数情况下是由融资困难所造成的。过度投资的危害远甚于投资不足，是因为过度投资不仅占用了经济资源，而且这种非效率投资还会对上市公司的价值产生负面的影响。因此无论是过度投资还是投资不足，无疑都是没有对社会资源进行充分运用；尤其对上市公司而言，则是对投资者利益的一种侵害。

　　从心理学的角度上来说，很多公司特别是上市公司进行过度投资的原因往

① Johnson, S., P. Boone, A. Breach, E. Friedman. Corporate Governance in the Asian Financial Crisis, *Journal of Financial Economics*, Vol. 58, 2000, pp. 141 – 186; Mitton, T. A Cross – Firm Analysis of the Impact of Corporate Governance on the East Asian Financial Crisis. *Journal of Financial Economics*, 2002 (64): 215 – 241.

② Shleifer, A., and R. Vishny. A Survey of Corporate Governance. *Journal of Finance*, 1997 (52): 737 – 783.

往是企业家精神的重要组成部分是建立私人王国。① 对于许多上市公司的经理人来说，人生的最重要的梦想之一就是在其任期内创建商业帝国，由此而产生的投资冲动和扩张冲动有其本源性的特征。也就是说，作为企业家的高级管理人员，天生就有冲动和自信来进行投资及扩张，这是上市公司高级管理人员做出过度投资决策的内部根源。

从企业家外部来说，经理人的经济利益如薪酬机制以及来自企业外部的压力如产品市场竞争都会对其投资行为产生重大影响，因此研究经理人的投资行为的内部及外部影响因素成为减少及避免非效率投资的重要途径。

随着公司治理机制研究的深入，产品市场竞争也被认为是公司外部治理机制的重要组成部分。尽管公司治理可以分为外部治理和内部治理，但目前绝大多数的国内外文献均认为公司治理是内生性的，通常公司治理所指均为公司内部治理。产品市场竞争作为提高经济效率的最强大力量②，也必然成为众多学者关注的重点。作为一项重要的外部治理机制，产品市场竞争与公司内部治理共同作用，在保护投资者利益的过程中都起到了不容忽视的作用。

从已有的文献情况来看，学者们尽管在非效率投资这一领域进行了大量的研究和探讨，并产生了丰富的具有理论和实践意义的学术研究成果，但是在当前的经济形势下，在我国上市公司通过加大投资规模的方式来实现企业的高速扩张过程中，仍存在着诸多值得我们深入思考的问题：企业的投资效率如何衡量？除了过度投资和投资不足之外企业是否有恰当的投资？过度自信作为企业家的内源性投资冲动动因如何影响经理人的投资行为？外生性的促进和压力动因即经理人薪酬和产品市场竞争又对经理人员的投资行为有怎样的影响？故当今对这一问题十分有必要展开深入而系统的研究，对上市公司投资的效率、后果的认识及反思则需要诸多研究者根据其研究结论提供证据。这正是本书以此为论题展开研究的基本原因。

本书研究的理论意义在于从影响企业投资行为人的主要内部和外部因素来解释其投资行为与投资效率的关系，并用行为科学的相关理论来加以分析，以期在确定相互影响力度的基础上，为更好地建立经理人的约束和激励机制提供一定的理论依据，并利用产品市场竞争机制的强大力量来提高企业的投资效率。

---

① ［美］约瑟夫·熊彼特：《经济发展理论》，何畏、易家详译，商务印书馆 1990 年版。
② Shleifer，A. and R. Vishny. A Survey of Corporate Governance. *Journal of Finance*，1997（52）：737 – 783.

二、研究动机

企业通过投资方式实现扩张目标具有经济后果。相关研究表明，现实也一再证明，企业合理的投资规模和扩张速度将为企业带来价值，而过度投资将为企业带来损失，甚至可能给企业带来灭顶之灾。我们可以看到，众多高速成长的企业往往在一夜之间突然倒闭，国外的公司如安然等，国内的公司如德隆、格林柯尔等。尽管对它们的失败有诸多解释，但是，过度投资及扩张无疑是重要原因之一。

众多的学者从理论和经验数据等多方面对企业的投资效率及其影响因素进行了探讨，同时说明上市公司投资效率问题已对资本市场产生了巨大的影响。同时学者们对由投资效率产生的企业绩效问题予以高度关注，也引发了学术界的研究热潮。在学术界和市场参与各方的关注下，投资效率这一问题被突出出来，对企业绩效和投资者利益的影响重大。他山之石，可以攻玉，由此，笔者对上市公司投资效率问题产生了浓厚的兴趣，带着对此问题的思考，笔者对我国股票市场的投资效率问题进行了研究。

第二节　投资效率的研究意义

通过回顾国内外学者的研究，发现他们从企业投资效率的角度出发为研究我国上市公司内部治理提供了新的切入点，总体上看，投资效率研究具有理论与现实两方面的积极意义。

一、研究的学术价值

（一）为企业制定薪酬激励机制提供依据

为企业给经理人制定薪酬激励机制提供新的方向。企业经理人为了某些个人利益有动机做出有违广大股东利益的投资及经营决策，这是现代企业所有权和经营权相分离而产生的委托代理关系所面临问题的常态。如果能够充分了解企业进行投资决策过程中各利益主体间的主要利益冲突，结合经理人薪酬激励制度来将其化解，必定能有效引导经理人的投资行为，提高企业投资效率和经营业绩，做出上市公司最优的投资决策。因此，为了降低企业的代理成本，制定合适的、能有效激励以及约束经理人投资及经营行为的薪酬制度成为企业的当务之急。一直以来，我国上市公司都在不断地进行经理人薪酬制度改革探索，其目的是强化经理人员的企业归属感，使其个人利益尽量和股东利益保持一致，减少代理成本，从而促进企业的发展，增加企业价值。

本书选用我国上市公司 2008～2016 年的数据，对经理人薪酬激励与企业非效率投资的关系加以探讨。这一时期正是我国股票市场经历了 2008 年"大牛市"、进行股权分置的改革基本完成之后，其数据对广泛实施股权激励、改善上市公司激励机制有着很强的参考价值，对完善企业家薪酬理论也具有积极的现实意义。

（二）为公司治理研究提供新的视角

长期以来，对公司治理机制有效性的探讨一直是学者们研究的热点，公司治理效率最明显的表征就是公司业绩，而公司业绩是企业进行投资决策并组织生产经营的结果。当前，我国上市公司过度投资问题相当严重，违背投资者利益的事项时有发生，这表明资本市场的基础——上市公司的公司治理机制具有较为重大的缺陷。构建合适的解释变量并对相关因素加以控制，以投资效率的视角研究上市公司治理效率，为相关学者提供理论和经验证据，对完善和丰富公司治理理论、规范企业行为并提升企业价值，具有较强的理论和现实意义。

（三）为产品市场竞争研究提供新的契机

产品市场竞争与公司治理间有着互补或者替代的关系，运用我国上市公司的样本数据来实证研究产品市场竞争对企业投资效率的影响，对于丰富产业组织理论、企业财务理论以及企业理论等相关理论具有重大的理论意义。同时对这些问题的研究具有较强的现实价值和政策含义，期望为我们更好地理解企业行为，为企业的科学决策、健康发展提供一定的启示，对政策制定部门为企业发展提供更好的制度保障也具有一定的借鉴意义。

二、研究的现实意义

（一）为投资者进行决策提供依据

投资者参与到资本市场中是为了获取回报，其通过对市场中金融产品的选择参与投资秩序，这种选择是基于对上市公司的未来发展前景所进行的。如果上市公司的经理人出于自身的目的或者其他原因而进行了非效率投资，就会使投资者的利益蒙受损失，进而使整个资本市场的财富招致损失。上市公司投资效率是资本市场资源配置所依据的主要信息，对投资者事关重大。对投资效率及其影响因素进行理解和辨析，发现其影响方式及影响程度，对投资者来说，就是一项有价值的信息过程。因此对上市公司投资效率以及相关因素进行研究在现实上是富有价值的。

（二）为国有企业改革提供政策依据

近年来，我国资本市场快速发展，为国有资产管理体制的改革创造了良好的契机，股权分置改革消除了扭曲的市场定价机制，为改善公司治理创造了条件，但国有企业中所存在的委托代理问题仍然没有理清，政府与国有企业之间关系的越位与缺位现象并存。这些问题的存在与决策者对一些问题认识的模糊有着很大的关系。在某些情况下我国对国有资产的产权保护不足，随着股份多元化的推进以及股份全流通，部分国有资产管理部门偏信"一股就灵"，过于迷信上市公司的治理机制，放权过松，对于上市公司的经营缺乏监督，特别是在股权较为分散的上市公司，由于内部人的控制，国有资本以及小股东的利益得不到保护；而在国有资本较为集中的公司里，又存在着一些越位与缺位并存的现象。本书通过对不同产权主体在不同经理人薪酬激励机制及市场竞争环境下的投资效率进行分析，可以让决策者对此问题有一个较全面的认识，从而为国有企业的进一步改革提供政策依据。

（三） 为民营企业的发展提供决策依据

随着民营企业的不断发展，社会各界对于民营企业的认识呈现出较大的分歧，一方认为民营企业的效率较高，而另一方由于近年来不断涌现出的一些丑闻而对民营企业的掠夺行为颇为诟病，后者的认识逐渐成为主流。实际上，民营企业的高效率与低效率在现实中同时存在，而导致民营企业家行为发生异化的主要原因则是产权不清。在民营企业家掌握着控制权却得不到剩余索取权的企业中，经营者要么激励不足，要么采用手段"掏空"企业，这是目前民营企业存在问题的一大症结。而在产权比较清晰的企业中，由于民营企业的创利目标比较明确，而且民营企业家的剩余索取权也得到保障，这些企业则呈现出较高的经营效率，实现了大小股东在一定程度上的共赢。本书的研究显示，中央政府坚定不移发展非公有制经济的决策是正确的，在这个指导思想的指引下，以合作共赢的态度界定清楚产权，以合理的公司治理机制监督到位，民营企业将会有更大的发展，为社会创造更多的财富。

（四） 为遏制地方保护行为提供政策依据

改革开放以来，随着中央对地方的放权让利，地方政府的独立意识逐渐觉醒，地方政府之间的竞争被认为是我国经济发展和社会进步的重要动力。但研究发现，只有当各个下级政府在开始竞争时是均等的，分权才能带来效率的提高，否则分权反而会造成效率的损失，加剧各地区间原有的不平衡。这一结论的含义是，竞争对地方政府会有激励，但是有一个重要的前提条件，即地方政府之间的出发点必须是平等的。① 而我国改革开放之初，各地方的发展很不均衡，东部沿海地区的出发点要远远领先于西部，在这样的情况下，西部地区再怎么努力，经济发展程度短期内也很难追得上东部地区，这样的竞争态势就达不到预期的激励竞争的效果，反而会刺激各方采用不正当手段展开竞争，可能损害经济发展的公平性，这是地方保护主义、地方政府参与市场垄断、影响产品市场竞争的最根本诱因。本书的研究一定程度上揭示了地方保护主义行为的

---

① Cai, H., and D. Treisman. Does Competition for Capital Discipline Governments? Decentralization, Globalization, and Public Policy. *American Economic Review*, 2005 (95): 817 – 830.

证据，可以为政府决策部门的决策提供重要依据。

第三节 研究的主要内容和方法

一、主要研究内容

我国股票市场是随着中国经济转型而逐步发展起来的，它带有鲜明的特色，建立股票市场的初衷主要是为国有企业改革创造条件。起初，按照理论界的预期，在资本市场上中小投资者由于基本上都是用自有的资金来购买证券，他们比作为国有企业大股东的国家以及能够融资的机构投资者更关心自身资产的安全性以及增值性，所以他们会更加积极地对上市公司的投资及经营行为加以监督，并致力于改善国有企业的治理结构，因此国家作为企业的大股东可以搭乘中小投资者的便车，来解决国有企业产权结构中所有者缺位以及公司治理的问题。然而，我国资本市场上中小投资者的主要动机是投机，他们并没有改善公司治理的动机。于是，理论界转而认为我国资本市场之所以投机之风盛行其原因在于每一个中小投资者所持有的股票占上市公司总股数的比例太小，如果中小投资者对上市的国有企业的投资经营加以监督，就必须自己支付全部的监督成本，而只能分到持有股份占全部股数的那一部分增加的利益。这种状态显然是不经济的，因而中小投资者对监督国有上市公司的行为不会有动机及激励。因此，我国在 1998 年开始引进证券基金，以期依靠专业投资者的专业行为抑制股票市场上中小投资者的投机之风，但结果让人大跌眼镜，股票市场上的投机现象越演越烈，甚至出现了基金利用自己拥有的资金量大的优势对股票市场行情加以操纵的情况。[①] 至此，靠外部投资者监督国有企业的努力暂时失败，由于企业外部环境治理牵涉到的利益主体更为复杂，因此，对于国有企业的改革首

---

① 林毅夫：《自生能力与我国当前资本市场的建设》，载于《经济学季刊》2004 年第 1 期。

先还是需要立足于产权关系的合理界定，以及公司治理机制的完善，这可能是个长期的过程，利益各方需要有充分的时间和回合进行博弈，以达到有效的制衡。

企业是一系列契约的联结①，然而除非契约得到遵守，否则契约将不会降低代理成本②，因此契约需要监督。为了契约的顺利执行，对企业内的经理人实行适当的激励和约束机制，经过多方证明是切实有效的途径。除了改善公司的内部治理，同时运用市场这只无形之手对企业行为加以影响及监督，也成为当务之急。

本书的主要内容由七个部分构成：

第一部分是导论。从本书的研究背景及动机入手，从学术价值和现实意义两方面总结了投资效率的研究意义，构建了研究逻辑框架，明确了研究方法，并对研究基调、相关概念和研究范畴等内容进行了约定。笔者认为，随着我国证券市场规模的持续扩大，其在国民经济中的地位举足轻重，证券市场的持续稳定健康发展已成为关乎国家和国民经济发展、社会稳定、国计民生的重大问题。研究上市公司的投资行为及其效率，也就成了财务管理研究的热点。本书拟通过对上市公司投资效率的研究，为企业制定薪酬激励机制和投资者进行决策提供依据，为公司治理研究提供新的视角，同时也为国有企业改革提供政策依据，为民营企业的发展提供决策依据。

第二部分是研究的理论基础。简要回顾了公司治理理论、产权理论、产业组织理论、委托代理理论和信息不对称理论以及行为财务理论，并将其与非效率投资问题结合，构成了本书的理论基础。研究发现，在企业的剩余索取权与剩余控制权不对应的情况下，企业的产权是不清晰的且效率是低下的，此时企业非效率投资的发生概率将大为上升；无论股东与经理人的代理冲突还是大股东与小股东的代理冲突，实质上都是企业外部投资者和内部控制人之间的利益冲突，企业实际控制者对投资行为进行操纵是以满足实际控制人私有利益为目标的，这种行为侵害了投资者的利益，显示出企业公司治理机制效率的低下。

第三部分回顾了国内外学者在非效率投资方面的研究成果。这些成果表明，

---

① Coase, Ronald H.. The Nature of the Firm. *Economica*, 1937 (4): 368 - 405.
② ［美］罗斯·L. 瓦茨、杰罗尔德·L. 齐默尔曼：《实证会计理论》，陈少华、黄世忠、陈光译，东北财经大学出版社1999年版，第174页。

在资本市场上，非效率投资的发生引起负面的反应，导致了资本市场的不稳定；非效率投资导致了一系列对企业不利的经济后果；非效率投资的发生与公司治理机制中的经理人激励机制密切相关；产品市场竞争对过度投资的发生有影响。随后该部分评述了我国企业投资效率的制度背景，指出了我国特有的公司治理和薪酬契约背景对企业的影响，并对经理人薪酬激励制度和产品市场竞争与企业投资效率之间的关系进行了预测。

第四部分对我国上市公司投资行为及其效率的识别进行了研究。由于股东和经理人之间存在因信息不对称而产生的代理成本问题，使得经理有非效率投资的倾向，但是原有非效率投资的检验方法并未能准确地界定过度投资、投资不足及正常投资行为。本章运用我国 A 股上市公司 2008～2016 年的资料，将上市公司划分为 18 个行业，在消除了投资规模的影响后比较上市公司的年度相对投资与行业平均相对投资以考虑投资的行业差异，从而确定了企业投资效率的判断标准，在此基础上进行非效率投资行为的识别，进一步将上市公司划分为过度投资、投资不足及正常投资三个群组，目的是更好地研究存在过度投资的企业，并为进一步研究过度投资的治理提供准确的数据支持。本章还用同样的方法运用 2002～2008 年度的资料对上市公司进行了非效率投资判断，并将其与 2008～2016 年资料判断的结果加以比较，结论是我国上市公司 2012～2013 年的过度投资及投资不足上市公司比例要比 2002～2003 年明显降低，分析其原因主要是公司治理的深化和世界金融危机的影响。

第五部分是经理人薪酬制度对投资效率影响的实证研究。经理人薪酬激励制度是公司治理的核心问题之一，薪酬制度的不同导致经理人出于自身利益的考量采用的经营行为有显著差异。我国上市公司应采取怎样的薪酬制度以减少经理人的非效率投资，进而提高企业的经营绩效，是学术界一个极具争议的话题。研究上市公司的经理人薪酬激励制度与投资效率之间的关系，为探求合适的薪酬制度提高公司治理效率提供了新的研究视角。本章结合我国的实际情况，以经理人的现金薪酬和股权激励两个解释变量对上市公司经理人投资行为的影响进行了研究。研究发现：我国上市公司经理人的现金薪酬对过度投资和投资不足两种非效率投资均有明显的抑制作用，而股权激励薪酬制度则与非效率投资之间不存在明显的相关性；两种薪酬激励制度之间也没有共同效应。

第六部分对产品市场竞争与投资效率间的关系进行了实证研究。产品市场竞争是产业组织理论研究的基本问题之一。在早期研究中产品市场竞争就被经济学家认为是公司外部治理机制的重要组成部分，与企业内部治理共同作用于优化企业资源配置、促进企业绩效提高。不同的学者认为产品市场竞争和公司治理之间是互补或者替代关系，本部分运用我国上市公司的数据，研究了产品市场竞争对企业投资效率的影响，并检验了产品市场竞争和公司治理中的重要因素——经理人薪酬对降低企业非效率投资行为的共同作用。研究结果表明，在控制相关因素影响的情况下，产品市场竞争对非效率投资行为的抑制作用不明显，它与经理人薪酬制度对减少非效率投资也没有起到协同作用。

第七部分为研究结论。经过第二章理论基础和文献综述以及第四、第五、第六章的实证研究，得出以下结论：在企业的剩余索取权与剩余控制权不对应的情况下，企业经理人为了某些个人利益，有动机在做出企业的投资决策时进行过度投资或者投资不足等决策；非效率投资的发生反映了企业公司内部治理机制存在较严重的缺陷。当前企业所存在的公司治理问题主要是企业外部投资者与公司经理人之间的代理问题，正是由于这种代理问题的存在导致了非效率投资的发生；经理人现金薪酬与企业非效率投资有较密切的相关关系。现金薪酬与过度投资及投资不足均成反向变动关系。经理人的现金薪酬和股权薪酬没有共同激励效应；公司业绩与过度投资显著正相关，与投资不足显著负相关。说明公司业绩越好，企业越容易过度投资，而公司业绩越差，企业越容易产生投资不足；企业自由现金流与过度投资不存在显著的相关关系，但与投资不足密切相关。产品市场竞争与两种非效率投资行为没有显著的相关关系。

二、研究逻辑框架的构建

实践证明，什么样的公司治理机制产生什么样的效率，不同的市场竞争态势亦对之产生不同影响。以投资效率为果，以理论预期为因，探索因与果之间的联系，以此验证理论预期，这正是本书的研究思路之所在。根据以上主要研究内容，总结本书的研究框架如图 1-1 所示。

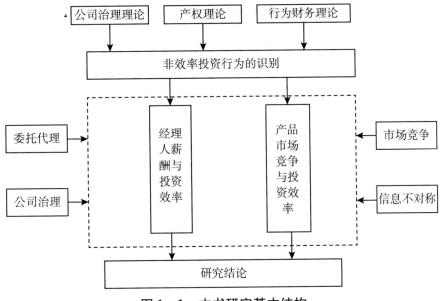

图 1 - 1 本书研究基本结构

三、研究方法

定性分析与定量分析。本书在借鉴国内外丰富的研究成果的基础上,结合公司治理理论、代理理论等相关理论,对经理人薪酬制度和产品市场竞争如何影响投资效率进行理论分析,提出了研究假设。本书分别归纳和整理了沪深 A 股上市公司 2002～2008 年及 2008～2016 年数据作为样本进行定量分析,首先对非效率投资进行识别,然后对经理人薪酬及产品市场竞争加以衡量,进行了描述性统计分析,然后运用计量经济学的多元回归模型分别检验两者之间的关系。最后从多方面考察这些治理机制能否有效地发挥作用,降低企业过度投资行为。

实证研究与规范研究。本书归纳和整理了我国沪深上市公司的数据作为样本进行统计分析,以便分析经理人薪酬和产品市场竞争对投资效率的影响,还分析了经理人的现金薪酬和股权薪酬能否共同作用以减少非效率投资的行为。进行研究的目的是给我国理论界研究经理人薪酬制度和产品市场竞争对投资行为影响提供经验数据,并从经理人现金薪酬、股权薪酬和产品市场竞争程度方面对降低非效率投资提供相应建议。

数学模型与统计分析。本书在研究过程中，首先对收集的数据进行描述性统计，再根据所述的基本理论来建立检验模型，用实证分析的方法来证明模型的合理性，辅助运用数学模型和统计学分析方法。

第四节　研 究 约 定

上市公司进行非效率投资的现象可能随着股票市场的建立就已经出现，而且不仅仅是上市公司所独有，不免造成了研究中存在很多"噪音"。本书的研究目标是发现超越个别现象的普遍联系，这也是大多数研究所追求的目标。为展开研究，有必要进行一些研究约定。本书的主要约定如下：

一、研究基调约定

我国的改革开放取得了举世瞩目的成就，但随着改革向纵深发展，不仅各方利益的冲突日趋激烈，而且各种观点也极不一致。尽管本书借鉴了许多西方的研究成果，结论也有一些批评性的建议，但笔者反对全盘照搬西方的研究模式。中国几千年的文化给当代社会以及经济留下的影响是根深蒂固的，在这样的文化、法律、制度环境下进行的改革绝不是照搬西方模式所能解决的。"摸着石头过河"的方针绝不是某些人眼里的盲动，而是一种科学的态度，只有摸到了石头，才能继续前进。已有的成功发展道路都是建立在特有的文化背景下，西方的成功也来自不断的探索，如简单照搬只能是邯郸学步。因此，本书试图结合中国实际引入一些理论进行思考，并提出本书的研究结论。

二、相关概念约定

（一）经理人

本书中经理人概念类似于西方国家盛行的职业经理人概念，是指在一个所有权、法人财产权和经营权分离的企业中承担法人财产的保值增值责任，全面负责企业经营管理，对法人财产拥有绝对经营权和管理权，由企业在职业经理人市场（包括社会职业经理人市场和企业内部职业经理人市场）中聘任，而其自身以受薪、股票期权等为获得报酬主要方式的职业化企业经营管理专家。其具体包含的人员是指除了企业董事、监事之外的高级管理人员，是指对公司的经营管理和业绩效益负有重要的经营管理责任的人员。

企业的高级经理人来自企业的最高层，担负着企业战略制定的重任，拥有对企业经营管理的决策和控制权力，同时对整个企业组织的运作起着统筹协调的作用。作为企业的经理人来说，他们的经营管理等企业行为直接影响到企业价值和股东利益。

（二）非效率投资

广义的投资是指为了未来获得更多现金流入而现在付出现金的行为。公司理财领域所讨论的投资主要是指企业进行的生产性资产投资，包括流动资产、固定资产、无形资产投资等。生产性资产投资又分为流动资产投资和长期资产投资，其中长期生产性资产是宏观经济和公司财务领域研究的热门主题之一。本书研究的投资也仅限于包括固定资产、无形资产在内的长期生产性资产投资。

在信息完全对称的假设前提下，企业的投资目标是实现企业价值最大化。对于企业来说，最理想的状态是所有净现值（NPV）小于零的项目都被舍弃，而每一个净现值大于零的项目均得以实施。但现实中资本市场上的信息完全对称根本无法达到，而且出于自身利益的考量企业的决策者即经理人通常也不会以实现企业价值最大化为己任。实际上由于多种因素的影响，企业的投资往往会偏离最优水平。当经理人以最大化私人收益为目标盲目扩大投资，采纳净现值小于零的投资项目时，就产生了过度投资行为（Jensen，1986）；而信息不对称可能产生外部投资者低估公司投资价值的影响，公司就会在内部现金流不足又缺乏外部资金引入的情况下，放弃那些净现值为正的投资项目而引发投资不足（Myers，1984）。

本书研究的企业非效率投资包括过度投资与投资不足两大类。建立起非效率投资识别模型，将每个企业投资后的年度平均总资产收益率和此前的年度平均总资产收益率进行比较，如果前者较大，说明投资产生了效益，无论投资是否大于行业平均都是可行的投资；如果后者较大，在投资大于行业平均值的情况下则说明投资是过度投资。如果投资后的年度平均总资产收益率大于投资前的，则说明是有效率的投资；如果投资后的年度平均总资产收益率小于投资前的，说明企业可能放弃了一些 NPV 大于零的项目，出现了投资不足行为。

三、研究范畴约定

本书以我国上市公司的非效率投资和公司内外部治理之间的关系为研究对象，但公司治理的范畴极广，笔者不可能进行面面俱到地研究，因此笔者在尽可能控制其他公司治理因素影响的情况下，选取了公司治理机制中与经理人利益关系最为密切的薪酬制度和外部影响要素产品市场竞争为研究对象，以此两项因素与公司投资行为之间的关系为重点，试图通过研究发现我国上市公司治理中存在的共性问题。

第二章
投资效率研究的理论基础

欲开展研究，首先必须确立立论基础。投资效率与公司治理机制紧密相关，而公司治理机制从根本上是由企业的产权所决定的。正如前面述及，对我国投资效率问题的研究应该在借鉴国外成果的基础上，结合我国的实际情况进行分析。因此，本章首先对产权理论和公司治理理论进行简要回顾，随后对我国企业发展历程进行简要分析，在此基础上，着重对我国公司治理机制如何影响投资效率进行了分析。

第一节　公司治理理论

1776 年，西方经济学的开山鼻祖亚当·斯密在《国民财富的性质和原因的研究》中写到："在钱财的处理上，股份公司的董事为他人尽力，而私人合伙的伙员，则纯为自己打算。所以，想要股份公司董事们视钱财用途，像私人合伙伙员那样用意周到，那是很难做到的。"[①] 他为我们揭示了一个深刻的道理：当公司的所有权与公司的经营权分离的时候，公司的管理者与所有者之间便存在着潜在的利益冲突，这实际上一直是公司治理研究的核心问题。也许是历史的巧合，整整 200 年后，简森和麦克林（Jensen and Meckling，1976）开创性地证明了这一观点，指出了公司中所存在的一类重要代理问题——股东与经理之间的代理问题，他们的成果从此激发了公司治理研究浪潮。

现代企业公司治理的现实前提是所有权与经营权的分离，对这一现象的关注始于伯利和米恩斯（Berle and Means）。1932 年，伯利和米恩斯的研究发现，如果以 20% 为限，将没有超过 20% 股权股东存在的公司定义为经理控制的公司，那么，1929 年在美国最大的 200 家非金融公司中，有 44% 的公司被经理控制，其控制的财产比例高达 58%。他们认为，现代公司中股权越来越分散，所有权实际上越来越近似于名义上的，企业实际上被职业经理所控制，这些职业经理

---

① ［英］亚当·斯密：《国民财富的性质和原因的研究》（下卷），郭大力、王亚南译，商务印书馆 1981 年版，第 303 页。

把持着重要权力，他们可能会采用损害股东权益的方式来获得个人利益。[1] 伯利和米恩斯的研究是以美国为制度背景的，他们的证据证明在美国这样的国家中现代公司的股权结构是分散的，所以公司内部治理所存在的主要问题是所有者和经营者之间的利益冲突如何进行调和。也正是在这样的背景下，简森和麦克林（1976）以主流经济学的范式论证了股东与经理人的代理成本，他们的研究为英国、美国等国家的公司治理奠定了理论基础。

与英国、美国等国家不同的是，学者们后续的研究发现世界上其他国家的股权是集中的。1999 年，拉波特等（La Porta，Lopez-de‒Silanes and Shleifer，LLS）在世界范围内选择了 27 个成熟市场经济国家，每个国家选择排名前 20 的公司构成大型公司样本，选择普通股本至少等于 50 亿的最小的 10 个上市公司为中型公司样本分别进行研究，研究发现，如果以 20% 为限，将没有超过 20% 股权股东存在的公司定义为股权分散的公众公司，[2] 那么只有美国、英国和日本存在 80% 以上的大型公众公司，而全世界平均看，只有约 36% 的大型公司为公众公司；而中型公司方面，美国有 90%、英国有 60% 的公司是公众公司，而在全世界范围内平均只有约 23% 的中型公司是公众公司。如果以 10% 为限，只有美国和英国存在 80% 以上的大型公众公司，而全世界范围内只有约 24% 的大型公司为公众公司；在中型公司方面，只有美国和爱尔兰存在 50% 的公众公司，而全世界范围内平均只有约 10% 的中型公司是公众公司。[3] LLS 的研究揭开了一个事实，至少在英国、美国以外的国家，公司的股权是集中的，显然这与伯利和米恩斯命题是不相符的。因此，从更广泛的范围来看，公司治理需要解决的首要问题不是股东与经理人的利益冲突，而是大股东与小股东的利益冲突。

需要引起注意的是，LLS 的研究同时呈现出了一个现代公司的普遍现象，即现代公司广泛出现了投票权与现金流权的分离，一些在股权上并不占有绝对优势的股东控制了企业的经营，他们利用控制权获取私人收益。伯查克等（Bebchuk，Kraakman and Triantis，2000）将这类公司的股权称为"控制性少数结构"

---

[1] Berle，A. and G. Means. *The Modern Corporation and Private Property*，Macmillan，New York，1932.

[2] 需要注意的是，LLS 的这篇文章对所有权的观察有一个突破，他们认为控制性股东的所有权不应用现金流权（cash flow rights）来定义，而是用投票权（voting rights）来定义，因为控制性股东获取利益不仅仅靠企业现金流权，而是更多依靠关联交易、转移资产、掏空等手段。在统计公司的投票权时，应该把最终控制性股东的直接持股和间接持股合并计算。

[3] La Porta，R.，F. Lopez-de‒Silanes，and A. Shleifer. Corporate Ownership around the World. *Journal of Finance*，1999（54）：471‒517.

（Controlling – Minority Structure）型，并指出金字塔结构（stock pyramids）、交叉持股（cross-ownership）和双重股票（dual class equity）是控制性少数结构型公司投票权与现金流权分离的主要方式。① 在名义上的所有权与实际上的控制权不对应的情况下，大股东有动机利用其控制权获取利益，从而产生了大股东与小股东的代理问题。现有的研究表明，在存在代理问题的情况下，内部控制人对外部投资者的利益侵占有多种表现形式。其中，建造个人帝国、隧道挖掘（tunneling）以及壕沟防御（entrenchment）是最为常见也是最为严重的三种方式。②

LLS 的研究进一步指出，制度背景对于公司治理机制的形成有着决定性的影响，由他们所倡领的法经济学为研究公司治理问题开辟了新的思路。拉波特等（La Porta，Lopez-de – Silanes，Shleifer and Vishny，LLSV）③ 认为，不同国家公司治理机制的差异源于各国的法律传统以及政治文化。法律对外部投资者的保护程度是随着法律渊源和政治的差异而变化的。

纵观公司治理理论的发展历程可见，公司治理的核心是有效保护投资者的利益。根据企业理论，企业的所有权并不总是属于股东的，其本身是一种状态依存所有权④，但是在正常存续期内的公司所有权大多属于股东，而且从公司法制度设计角度上看所有权也是属于股东的。因此，无论是股东与经理人的代理冲突还是大股东与小股东的代理冲突，实质上都是企业外部投资者和内部控制人之间的利益冲突，名义上的所有权不断受到实质上控制权的利益侵蚀。而从社会经济宏观层面看，如果投资者无法获取相应的收益回报，资本市场就得不到发展，企业也筹集不到必需的资金，经济将会陷入危机，这一点在亚洲经济危机中得到了很好的证明。⑤ 因此，本书以投资者利益是否得到有效保护作为公

---

① Bebchuk, L., R., Kraakman, and G, Triantis. *Stock Pyramids, Cross – Ownership, and Dual Class Equity*: *The Mechanisms and Agency Costs of Separating Control from Cash – Flow Rights*, NBER Working Paper No. 6951, 1999.

② 李增泉：《国家控股与公司治理的有效性——一项基于中国证券市场的实证研究》，上海财经大学博士论文，2002 年，第 10 页。

③ La Porta, R., F. Lopez-de – Silanes, A. Shleifer, and R. Vishny. Legal Determinants of External Finance. *Journal of Finance*, 1997 (52): 1131 – 1150; La Porta, R., F. Lopez-de – Silanes, A. Shleifer, and R. Vishny, Law and Finance. *Journal of Political Economy*, 1998 (106): 1113 – 1155.

④ 状态依存所有权是指企业所有权随着企业经营状况的变化而变化。令 x 为企业的总收入，w 为应该支付给工人的合同工资，r 为债权人的合同支付（本金加利息），π 为股东所要求的一个满意利润。假设 x 在 0 到 X 之间分布（其中 X 是最大可能的收入），工人的索取权优先于债权人。那么"状态依存"说的是：当 x < w 时，所有权属于员工；当 w ≤ x < w + r 时，所有权属于债权人；当 x ≥ w + r 时，所有权属于股东；当 x ≥ w + r + π 时，所有权属于经理（张维迎，1999）。

⑤ Johnson, S., P. Boone, A. Breach, E. Friedman. Corporate Governance in the Asian Financial Crisis, *Journal of Financial Economics*, Vol. 58, 2000, pp. 141 – 186; Mitton, T.. A Cross – Firm Analysis of the Impact of Corporate Governance on the East Asian Financial Crisis. *Journal of Financial Economics*, 2002 (64): 215 – 241.

司治理效率优劣的判断标准。

非效率投资的发生反映了企业公司治理机制的缺陷。非效率投资的发生揭示了企业实际控制者对于企业投资的有意操纵，而这种操纵是以满足实际控制人私有利益为目标的，这种行为侵害了投资者的利益，显示出企业公司治理机制效率的低下。公司治理与非效率投资之间的内在因果关系是本书进行研究的基本前提，因此公司治理理论的进展对于本书的研究起着直接的指导作用，根据上文分析可知，研究我国上市公司的投资效率与公司治理的关系，必须要置身于我国的制度背景下，有选择性地借鉴国外的研究成果。

第二节　产权理论

经济学是对稀缺资源产权的研究，社会中的稀缺资源配置就是对使用资源权利的制度安排，如果不存在稀缺资源及其权利安排问题，经济学便失去了它的研究对象和目标（郭道扬，2004）。在经济生活中，如果不存在交易费用，资源的配置无论权利如何界定都可以通过市场交易达到最佳。然而，现实的经济生活中通常都存在交易费用，因此在交易费用大于零时，权利界定的不同便会带来资源配置效率的不同。[①] 因此，经济运行离不开企业。

企业作为经济生活的基本单元，曾长期被视为一个"黑箱"，按照理性经济人的准则，做出恰当的反应来应对环境的变化，并根据可以获取的信息来安排自己的投入以及产出水平。新古典经济学的应用前提是理性选择、稳定偏好性和相互作用的均衡结构。在这样的理论体系里，企业这种生产性单位的目的就是将各种投入转化为产出。由此可见，企业在新古典经济学中只是一个生产函数，新古典经济学的讨论范围并不包含企业内的制度结构。

现代企业理论打开了这个"黑箱"，成为近30多年来经济学发展最为迅速、最富有成果的领域之一，它改进了人们对于市场与企业的认识。现代企业理论

---

① Coase，Ronald H. . The Problem of Social Cost. *Journal of Law and Economics*，1960（3）：1 - 44.

的发展得益于科斯（Coase）的贡献，尽管其贡献始于 20 世纪 30 年代，但直至 70 年代才真正产生影响。[①] 科斯认为，在企业外部，价格变化指导生产，这是通过市场上的一系列交易进行协调的；而在企业内部，这些市场交易被取消，进行这些交易的复杂的市场结构被协调者取代，后者指导生产。因此，企业的本质特征是对价格机制的取代。但是，企业为什么会存在呢？那是因为企业具有比较成本优势。因此，企业实际上就是生产要素所有者同意在出让对生产要素的控制权后所形成的合同关系。[②]

阿尔钦和德姆塞茨（Alchian and Demsetz，1972）在科斯（Coase，1937）企业契约理论的基础上，进一步指出企业契约中所存在的团队生产与监督问题以及企业与市场的区别问题。人们普遍认为，企业的特征在于其纪律约束，或者说比普通的市场拥有更为严明的纪律，因此它解决问题的能力更强。然而，企业不可能拥有自己投入的所有要素，它所具有的权威和纪律约束，与任何两个人之间普通的市场合约相比没有特别优势。阿尔钦和德姆塞茨认为，企业特别适合组织团队生产，团队生产是各种要素的一种联合体或联合使用者，它的产出比要素的分别使用所得到的产出总和更大。然而团队生产中，每种投入的所有者和单干时不同，他们有强烈的动机去投机[③]，因此，团队生产需要监督，但是监督需要成本，而且监督者又被谁监督呢？如果共同合作的投入要素者与一位监督者达成协议，使其能够获得超过固定数额的任何剩余产品，这个监督者就会得到额外的激励。为了有效约束团队成员，剩余索取者应该享有以下权利组合，这些权利包括：（1）作为剩余索取者的权力；（2）观察投入行为的权力；（3）作为各种投入合同公认的中心的权力；（4）增减团队成员的权利；（5）出售这些用于界定古典企业所有权的权力。[④] 这种组合的权力比非集权的合同结构能更好地解决团队生产中的投机问题。因此在团队生产中，要素所有者把一个

---

① 张维迎：《企业理论与中国企业改革》，北京大学出版社 1999 年版，第 32 页。
② Coase，Ronald H.. The Nature of the Firm. *Economica*，1937（4）：368－405.
③ 因为投机造成的团队收入损失可能被其他的效用所抵偿，而造成的部分后果会由团队中的另一些人来承担，由此本人投机付出的成本低于团队付出的总成本。
④ Fama（1980）对此进行了进一步地阐述，他将古典企业定义为包含如下六个特征的合同结构：（1）团队生产；（2）有几个投入要素的所有者；（3）有一方与所有联合投入要素的所有者签订合同；（4）中心一方有权重新谈判任何一种投入要素的合同，而不影响他与其他要素投入者之间的合同；（5）他拥有剩余索取权；（6）他有权出售其中心合同剩余身份。Fama 认为，在古典企业中，上述第（3）、（4）、（5）、（6）各项职能统一集中在一个人身上，这个人既是出资人，也是经理人。但在公司制度下，第（3）、（4）项的经理职能和第（5）、（6）项的风险承担职能可以体现在不同利益主体上，经理可以不再是出资人。

共同的中心作为一方，与其签订合同，采用这样一种特殊的合同，把一组联合的投入要素组织起来投入团队生产，这种合同形成了企业的基础。[①] 阿尔钦和德姆塞茨的研究表明，在古典企业情况下，为了企业的正常运转，需要由监督者来拥有企业的所有权。

简森和麦克林（1976）在新古典经济学范式下，从代理关系的角度详细分析了企业中所存在的利益冲突和监督控制问题，从而推动了产权理论的进一步发展。众所周知，当企业由其全资所有者经营时，其个人效用与企业效用是一致的，但当经理只拥有部分股权时，代理成本问题就会出现，因为其私人利益可以部分被公司负担，这时，企业的外部股权投资者承担了代理成本。因此，委托人需要对代理人进行监督和激励，这样，企业的代理成本包括了委托人的监督支出、代理人的保证支出和剩余损失三个部分。[②] 此外，简森和麦克林的研究突出了企业的法人地位，企业法人总是在各种合同的一方，而另一方是各种要素所有者，企业法人与各种要素所有者签订合同，从而形成了现代公司。他们的研究发展了阿尔钦和德姆塞茨的研究，增进了人们对现代企业的认识。

此后，哈特和摩尔（Hart and Moore，1990）遵循交易费用经济学的传统，对企业产权的配置进行了更为深入的研究。他们指出，合同的制定由于交易成本的存在不可能是完全的——在初始合同的拟定中合同双方不可能详尽可行地规定可能涉及的所有或然事件及其对策。因此，在这些未被合约明确规定的情况出现时谁有权做决定以及这种权力应该配置给谁就成为十分重要的问题，这也就是说，合同的"剩余控制权"必须被某些人所掌控，以便有人在出现初始合同里没有规定的或然事件时能够做出相应的决策。哈特和摩尔（1990）还认为，"剩余索取权"是一个不完备的概念，所有权的真正标志是剩余控制权，剩余控制权才是实际上所有权的定义。[③] 哈特和摩尔的研究深刻地揭示出一个长期被忽视的事实，那就是企业所有权的配置尤其是剩余索取权的配置必须有剩余控制权的保障，否则产权是不清晰的。

产权理论的文献浩如烟海，笔者不可尽举，但是本书所引证的文献是大多

① Alchian，A. and H. Demsetz. Production，Information Costs，and Economic Organization. *American Economics Review*，1972（62）：777–795.

② Jensen，M. and W. Meckling. Theory of the Firm：Managerial Behavior，Agency Costs and Ownership Structure. *Journal of Financial Economics*，1976（3）：305–360.

③ Hart，O. and Moore. Property Rights and the Nature of the Firm. *Journal of Political Economy*，1990（98）：1119–1158.

数相关研究的发端，更重要的是，尽管这些理论还存在着许多未解之谜①，但历经长期的理论与实践检验，它们已经被广泛认可，为我们认识社会经济、市场以及企业提供了有力的思路。通过上述的理论回顾可以看出，企业的产权结构决定了企业的效率和价值，企业的剩余索取权和剩余控制权相对应才能发挥企业效率，这是本书进行研究的基本指针。由此可以推知，在企业的剩余索取权与剩余控制权不对应的情况下，企业的产权是不清晰的，企业的效率是低下的，此时，掌握着剩余控制权的企业管理者为了某些个人利益，有动机过度投资或者投资不足即进行非效率的投资，以此来影响企业的规模、收益以及利益的分配，可以预见，这种为了满足管理者私有利益而进行的非效率投资行为必然损害上市公司广大股东的利益，浪费社会资源。

第三节　产业组织理论

产业组织理论是新兴的应用经济理论，它以微观经济学理论为基础，具体分析企业结构与行为、市场结构与组织以及市场中厂商之间的相互作用和影响，进而研究经济发展过程中产业内部企业之间竞争与垄断以及规模经济与效率的关系和矛盾，研究和探讨产业组织状况及其对产业内资源配置效率的影响，从而为维持合理的市场秩序和经济效率提供理论依据和对策途径。产业组织理论是在西方发达国家产生和发展起来的，以特定产业内部企业之间竞争和垄断及规模经济的关系与矛盾为主要研究对象，以揭示产业组织活动的内在规律，为产业组织政策的决策者提供理论依据和政策建议的微观应用经济理论。

大致来说，产业组织理论研究的内容大体可以分为三个主要方面：一是企业内部投入与产出的关系以及人与人之间的关系，如为什么存在企业，企业的最优规模和范围由什么决定，什么是企业的目标函数，股东与经理之间的委

---

① Tirole 等人提出了著名的"不相关定理"，说明第三方不可证实性并不能直接推导出不完全合同，因此合同不完全的基础到底是什么还不清楚。此外，剩余控制权为什么天然地归资产所有者所有？资本权力至上观与现代公司的实际也不尽相符。

托—代理关系，企业内部的科层结构，等等，也就是现在人们通常称为"企业理论"的内容。这方面的研究已经扩展到劳动经济学、公司融资、公司战略与组织结构的关系等领域。二是不完全竞争市场与企业行为的关系，特别是寡头市场中企业与企业之间的关系，如企业如何制定价格、产量、投资、广告、研究开发、兼并等方面的决策，这些决策如何在市场上相互作用，等等。后者也就是狭义的产业组织理论。这方面的模型已被引入到国际经济学和宏观经济学的领域，并被企业用来指导商业战略的制定。三是政府与企业的关系，包括规范研究和实证研究两方面的问题。规范研究的问题是：什么是最优政策？这些政策涉及反托拉斯政策（竞争政策）、对自然垄断企业的规制、公营企业的管理、市场准入自由化、旨在推动技术进步和国际竞争力的产业政策等；实证研究的问题是：什么是政策的实际效果？什么因素决定实际政策的选择？

作为一种完整而系统的理论体系，产业组织理论形成于 20 世纪 30 年代。到目前为止，在近九十年的历史中，伴随着社会经济的发展变化，产业组织理论研究不断发展进步，并且逐渐形成了各个不同的具有鲜明特色的重要流派。

从其思想渊源来看，产业组织理论的思想最早可以追溯到古典经济学。早期的市场理论主要涉及产业的一般性分析，很少关注单个企业行为，但他们对竞争、价格以及政府干预等微观问题进行了比较深入的分析。其中，亚当·斯密是最早认识到产业组织核心研究问题的经济学家[1]，同时也是分工理论的奠基人[2]。马歇尔基本上提出了产业组织领域的所有问题。在分析规模经济的成因时，发现了竞争与规模经济之间的矛盾，被后人称为"马歇尔冲突"。从此，竞争和垄断问题吸引了许多经济学家进行研究。美国哈佛大学的张伯伦和英国剑桥大学的罗宾逊夫人不谋而合地提出了纠正传统自由竞争概念的垄断竞争理论。这一理论以垄断因素的强弱为依据，将市场形态划分为从完全竞争到独家垄断的多种类型，总结了不同市场形态下价格的形成和作用特点。

张伯伦还着重分析了厂商进入和退出市场、产品差别化、过剩能力下的竞争等问题。这些概念和观点成为现代产业组织理论的重要来源，直接推动了产业组织理论向市场结构方向发展，为现代产业组织理论的形成奠定了坚实基础。

---

① 亚当·斯密在代表著作《国富论》中，系统论述了由竞争机制自发决定的价格体系如何创造出一个理想的市场秩序和具有"帕累托"最优状态的经济社会，即人们熟知的"看不见的手"定理。

② 通过对其经典"大头针"案例的剖析，亚当·斯密揭示了分工产生的生产专业化和协作能够带来经济效率的提高。

张伯伦和罗宾逊夫人也被称为产业组织理论的鼻祖。而后克拉克"有效竞争"概念的提出对产业组织理论的发展和体系的建立产生了重要影响，并成为产业组织理论的中心议题。

在研究产业组织理论的过程中产生了不同的流派，如哈佛学派和芝加哥学派等，他们从不同的理论视角展开了各自的分析。

哈佛学派的产业组织理论体系是20世纪30年代以后在美国以哈佛大学为中心形成的。哈佛学派的产业组织理论，以新古典学派的价格理论为基础，以实证截面分析方法为主要手段，遵循了新古典主义的边际分析法、理性人假定以及市场福利标准；从美国、欧洲的制造业大量实证研究中得出许多经验性的论证；对市场竞争过程中的组织结构、竞争方式和市场竞争结果进行经验性研究。由于这些研究主要以哈佛大学为中心展开，因此学术界称之为产业组织的哈佛学派。又由于哈佛学派十分重视市场结构对市场行为和市场效果的决定作用，因此又称为结构主义学派。1970年以后，哈佛学派创立的主流产业经济学理论一方面获得了不断的发展和完善，另一方面又不断受到批评和挑战。

芝加哥学派理论体系。自20世纪60年代以来，SCP（Structure-conduct-performance，结构-行为-绩效）分析范式成为理论界和经济界讨论与批评的热点，这些批评主要来自芝加哥大学的经济学家们，包括施蒂格勒、德姆塞兹、波斯纳等人，正是在这一批判的过程中，芝加哥学派崛起，并逐渐取得了主流地位，其代表人物施蒂格勒还由于其对产业组织理论的开创性研究而被授予1982年诺贝尔经济学奖。1968年施蒂格勒的名著《产业组织》一书问世，标志着芝加哥学派理论上的成熟。该学派还发展了边缘学科——法学经济学和管制经济学。该学派特别注重市场结构和效率的关系，而不像结构主义者那样只关心竞争的程度，故被理论界称为效率主义者。

新奥地利学派是20世纪70年代后芝加哥学派以外又一个颇具有影响力的产业组织理论学派，其产业组织理论是建立在门格尔、庞巴维克创始的奥地利学派传统思想和方法上的，因此，被称为新奥地利学派。新奥地利学派的代表人物有米塞斯、哈耶克、熊彼特等。新奥地利学派按照自己独特的方法论对市场过程进行剖析，他们将竞争看成一个过程，认为人类福利的提高来源于生产效率即新技术、新产品的引入。他们强烈反对企业分割和禁止兼并等政策主张，全面否定反垄断政策和政府管制政策的必要性。新奥地利学派还强调创新和企业家精神在市场过程中的重要作用。

新产业组织理论学派。20 世纪 70 年代以来，产业组织理论经历了重大的变化和发展，博弈论和信息经济学的分析方法引入了产业组织理论，对产业组织理论产生了革命性的影响。学术界把这种用新方法诠释的产业经济学称为新产业组织理论，其代表人物主要有梯若尔、夏皮罗、萨勒普、施马兰西、施瓦茨等。新产业组织理论用新的分析范式几乎重构了整个产业组织理论，它的出现大大加深了人们对市场结构特别是寡占条件下的企业行为的理解。新产业组织理论从理论范式、研究方法和政策主张等几个方面对传统产业组织理论进行了突破和创新。

产业组织理论的诸多流派的理论观点及研究成果让我们更多地理解了市场竞争对企业行为及其绩效的影响，了解了企业"黑箱"的运作机理。进一步可以通过产业组织理论对产业内部企业之间竞争态势与企业投资行为和效率的影响关系加以解释，研究和探讨产业组织状况及其对产业内资源配置效率的影响，从而为维持合理的市场秩序和通过有效率投资来提高经济效率提供理论依据和对策途径。

第四节　委托代理理论和信息不对称理论

现代企业理论探讨了古典和新古典理论所忽视的企业问题，将经济学的研究领域深化到了企业组织的内部，分析了企业的性质、起源、组织方式以及产权关系等问题，得出了许多有益的结论。现代企业理论的理论流派很多，其中耳熟能详的有科斯的企业理论、资产专用性理论、间接定价理论、团队理论、代理理论以及利益相关者理论，等等。其中，与企业投资关系最为密切的是委托代理理论和信息不对称理论。

一、委托代理理论

1932 年，伯利和米恩斯（Berle and Means）首先提出了委托代理关系，开创了现代公司治理研究的逻辑起点。公司的所有权与控制权的分离是委托代理关系产生的根源，依据委托人与代理人事先签订的委托代理契约，委托人给予代理人一定的权利，代理人代表委托人利益去执行企业管理的行动，并以此获取相应的报酬。由于信息不对称和不完全契约的情况下，代理人可能会利用其受托的控制权谋取私人利益，与委托人的利益最大化原则相背离，为了防范代理人的这种行为，委托人或赋予其他方还需要对代理人的行为进行监督，产生监督成本，形成代理成本。

20 世纪 60 年代末 70 年代初的经济学家们不满于阿罗—德布鲁体系中的企业"黑箱"理论，开始深入研究关于企业内部信息不对称和激励的问题，希望更全面地理解企业这种经济组织，从而形成了"现代企业理论"。基于委托代理关系产生的委托代理理论是现代企业理论的重要组成部分。所谓委托—代理关系，就是一种契约关系，通过这一契约，一个人或一些人（委托人）授权给另一人（代理人）为委托人的利益从事某项活动，但这不同于一般的雇佣关系，委托人授予代理人相当大的自主决策权，而委托人很难监控代理人的活动。委托代理理论将债权人和股东之间利益冲突、股东和经理人的利益冲突引入对公司投资的决策，是对投资理论的一个重要贡献。在该认识之前，财务危机的成本似乎限于破产和重组的交易成本，如法律和管理支出，商议重组或清算资产的成本。但利益的冲突意味着纯粹的违约威胁会反馈进公司的投资和经营决策中，如通过推迟具有正净现值的投资或将公司转向更有风险的策略。而投资者预见到这些可能性，这样财务危机的威胁能拉低公司的当前市值。正是认识到这些利益冲突，如何制定较完整的激励和约束契约以缓和各利益相关者的冲突从而提高公司的投资效率成为该领域的研究重点。

二、信息不对称理论

信息不对称指信息在相互对应的经济个体之间呈不均匀、不对称的分布状态，即有些人对关于某些事情的信息比另外一些人掌握得多一些。信息不对称的产生既有主观方面的原因，也有客观方面的原因。主观方面由于不同的经济个体获得的信息不同所致，而不同信息的获取又与他们各自获取信息的能力有关，即信息不对称产生的主观原因是不同的经济个体获取信息能力的不对称性。客观方面，经济个体获取信息的多少与多种社会因素有关，其中社会劳动分工和专业化是最为重要的社会因素，随着社会分工的发展和专业化程度的提高，行业专业人员与非专业人员之间的信息差别越来越大，社会成员之间的信息分布将越来越不对称。因此，信息不对称是客观存在的。

在各种市场中，不对称信息的形式和表现多种多样，基本形式可以分为以下三类，第一，买方与卖方之间由于信息差别而产生的信息不对称。第二，买方与买方之间的信息差别而产生的信息不对称。第三，卖方与卖方之间的信息差别而产生的信息不对称。其中第一类是最为常见的。

信息不对称理论则起源于阿克洛夫（Akerlof，1970）对旧车市场上"柠檬问题"[①] 的观察和研究，此后，作为倍受关注的前沿理论几乎渗透到微观经济学的所有研究领域。信息不对称是指不同的市场参与者不可能占有完全相同的市场信息，交易双方在信息不对称的情况下交易就会影响市场运行效率，达不到资源的最优配置。信息不对称又分为事前（exant）不对称和事后（expost）不对称，事前信息不对称导致逆向选择，事后信息不对称会引发道德风险。

在企业投资研究中，委托代理问题会加剧投资者和经营者的信息不对称现象，使得经理人的投资行为的监管成本成倍增长。因此，合理解决委托代理问题，减少信息的不对称，对提高企业投资效率是必经之路。

---

① 柠檬问题也称柠檬原理，由经济学家乔治·阿克洛夫于 1970 年提出，"柠檬"一词在美国俚语中表示次品，"柠檬问题"是信息不对称理论的重要组成部分。

第五节 行为财务理论

传统的投资理论常分为古典学派和新古典投资学派。古典学派的经济学家们系统地论述了企业投资理论，阐述了经济人作为投资主体的行为方式，回答了经济人如何进行投资选择等基本问题。古典学派对于投资理论的主要贡献是根据经济人假设，按照一致的效率标准将社会中大量的组织和个人设定为投资主体。而新古典投资理论则是以市场为完全竞争的市场，所有影响因素及状态均已确定，而且公司对其投资均持有合理的行为等为假设前提建立起来的。新古典投资理论的研究成果很丰富，其中以美国的著名经济学家戴尔·乔根森在1963 年发表的《资本理论与投资行为》一文为代表。该文认为，对投资行为的研究应从微观经济主体的企业出发，通过生产函数的现值最大化来确定投资水平，得出了新古典投资理论的最优资本函数。[①] 新古典学派在古典学派所奠定的框架上，将数理方法和边际原则引入投资分析之中，用精细的模式来进行投资效益的评价、制定投资决策以及推荐投资选择。新古典学派基于边际原则所进行的机会成本分析以及成本—效益分析，进一步深化了古典学派的投资理论。

根据传统的公司财务理论，企业高层管理者会理性地做出投资决策，他们往往是通过比较各投资项目的决策指标如净现值（NPV）、现值指标（PI）或内涵报酬率（IRR）等来取舍将要进行的投资项目。但实际中的企业决策者经常选择的并非是上述财务收益指标最大的投资方案，而且面对可能投资失败（即NPV<0）的项目时，公司决策者出于各种原因并不愿放弃这样的项目，相反地他们可能会选择对这些有损企业价值的项目进行资源投入。

此时传统的企业财务理论已无法对企业经理人的这种"恶性增资"的行为做出合理的解释了，需要借助于行为财务理论对之加以分析。根据行为财务学的理论，对经理人在公司资源进行配置的过程中产生重要影响的通常有两类非

---

① Dale W. Jorgenson. Capital Theory and Investment Behavior. *American Economic Reiew*. 1963（2）：247 – 259.

理性行为，这些行为妨碍了企业目标的实现。这两种非理性行为之一是企业经理人的非理性：企业经理人往往出于自身的心理因素导致决策行为的非理性，使得他们做出的投资决策背弃了公司价值最大化的目标，造成企业资源配置效率的低下乃至企业经营状况的恶化。非理性行为之二是股票市场上投资者的投机性和非理性，这种投机性和非理性的股票投资行为常常会使上市公司的股票价格背离其实际价值。

而行为公司财务理论认为，经理人的心理特性亦会造成企业投资行为的扭曲。近年一些研究者发现，由于传统投资理论的假设性过强，使得理论在其运用过程中的条件要求与实际差异过大，无法直接应用于实际决策，经理人在做出决策的时候需要依靠直觉与判断。研究行为财务理论的学者们发现，经理人在进行企业的投资决策时总会表现出一些心理特征，这些心理特征如过分自信以及从众心理等，是与最优决策相偏倚的。

行为财务理论认为，经理人的投资行为主要受以下因素的影响：

经理人的过度自信心理。企业的现金流量和投资水平取决于公司市值和自负经理人的个人利益之间的对立，原因是经理人的自负往往使他们高估投资项目的回报。即使不存在信息不对称和代理问题，当经理人的行为不受资本市场和企业管理机制的制约时，只要有充足的企业内部资金，他们都会进行过度投资。相反，如果资源内部资金不足，由于经理人感觉公司股票价值会被低估而不愿意在资本市场融资。这样一来，一些能给企业带来价值增值的投资项目被搁置，投资不足现象就产生了。

经理人的后悔厌恶心理。后悔厌恶指出于承担了责任，即使正在进行的项目并不如项目开始之前预计的那样盈利甚至于亏损，经理人也不会马上终止项目，而是倾向于对该项目继续投资。这种心理产生的一个原因是，投资者更喜欢那些保持一致性和连续性的经理人，因此经理人本身也倾向于"善始善终"。另外，后悔厌恶还会表现在经理人对风险的规避上。对于风险规避型的经理人来说，由于其报酬是由企业的净资产所决定的，因此经理人会拒绝一些 NPV 大于零但是会增加企业风险的项目，而选择降低企业风险的项目，即使这个项目的 NPV 可能小于零。

经理人的嫉妒心理。扭曲经理人投资行为的另一重要因素是嫉妒心理。嫉妒通常指人们关心的不仅仅是自己的收益和消费量，还会将其他人的收益和消费量与自己做比对。对于大型企业的资金分拨问题来说，总公司的经理通常无法以下命令的方式来进行，这时各分公司经理往往就会采用过度投资的方式来将自己与其他分公司经理区分开，并贮藏经济资源。过度投资的现象在总公司资源有限时尤为突出，因为在总公司资金总量一定的情况下，如果某个分公司经理争取到足够的资金进行过度投资，则其他分公司经理所能运用的资源就会减少。

除了以上心理因素外，经理人的短视行为以及证实偏见等都会对其投资行为造成影响。

经理人投资短视行为也称为投资短期行为，是指企业经理人为了实现自身的利益或者达到短期目的，不选择最佳的投资方案，而是对并不能使企业价值最大化但是回报迅速的项目进行投资。[①] 经理人的这种投资短视行为使企业得不到能最大程度增加企业价值的投资项目，而是在生产能力过剩的领域、生产效率低下的项目上大量的沉淀资本，从而使得企业的价值增长缓慢，严重损害了投资者的利益，影响了企业的发展和经营。

有关经理人短视行为有三种理论解释：其一是收购理论。这种理论认为经理人的投资短视行为是企业被敌意收购的威胁和随后经理层被迫解散的可能而导致的。更有学者对经理人偏好短期投资的行为从经理人管理防御的角度进行了深层次的原因分析[②]。其二是薪酬扭曲理论。这种理论认为，在企业不能完全确定经理人的价值之前，经理人会尝试选择非最优的短期项目，以努力增长企业短期内可以达到的业绩，使投资者在下一期能给予经理人更高的薪酬。其三是持续损失理论。这种理论认为是股东而非经理人选择了短视的投资政策。由于投资者担心如果经理人的薪酬未得到上涨，他们可能会在项目的未来现金流实现之前就由于自身的原因而离开企业，从而使项目未来的收益充满不确定性，最终使企业和投资者蒙受损失。这时即使是经理人倾向于长期投资使自己的留任显得更为重要，投资者也会努力避免这种情况的发生，他们通过股东大会给予经理人高的短期盈余报酬合约，并由此催生经理人的投资短视行为。

---

① Lundstrum L. L. . Corporate Investment Myopia：A Horserace of the Theories. *Journal of Corporate Finance*，2002，8（4）：353 - 371.
② 李秉祥、薛思珊：《基于经理人管理防御的企业投资短视行为分析》，载于《系统工程理论与实践》2008年第 11 期。

第六节　本 章 小 结

本章以公司投资决策过程为出发点，回顾了公司治理理论、产权理论、产业组织理论、企业投资理论和行为财务理论。运用委托代理理论、公司控制权理论对公司的投资者与投资的控制者进行了分析；运用产业组织理论对产品市场竞争与经理人投资行为的影响进行了分析；运用经济效用理论、理性预期理论对投资者的行为动机进行了分析；运用企业投资的相关理论对投资者决策方法进行了分析，从而为我国上市公司非效率投资行为动机分析构建了理论平台，为下文进一步研究非效率投资行为背景和影响因素奠定了理论基础。

第三章
投资效率研究文献综述与制度背景

第一节　国内外研究现状综述

一、国外研究现状述评

投资决策作为企业财务三大决策之一，受到了学者们的广泛关注和高度重视。学者们的文献分别从信息不对称（Narayanan，1988；Myer and Majluf，1984）、融资约束（Fazzari et al.，1988；Kaplan and Zingales，1997）、公司治理（Jense and Meckling，1976；1986；Stulz，1990；Breale and Myers，2000；Shin and Kim，2002）以及行为金融（Roll，1986；Heaton，2002；Glaser et al.，2007）等多个领域和不同视角，对企业内部经理人的投资行为及投资效率问题进行了深入的研究，形成了丰富的学术成果。

（一）信息不对称与企业投资效率

梅耶斯和麦吉拉夫（Myer and Majluf）[1] 从公司的现有股东和未来股东之间存在不对称信息的角度进行了研究，在假设企业的经营者拥有企业现有资产价值以及项目投资价值的信息优势的条件下，论证当一个有正 NPV 投资项目而需要进行股权融资的企业所面临的两难困境，其结果表明，融资中现有股东和未来股东之间的信息不对称将引起企业投资不足。

伯南克和格特勒（Bernanke and Gertler）[2] 对以上理论进行了补充，认为在信息不对称的情况下，企业净财富水平的高低对企业的投资水平有较大的影响。

---

[1]　Myers，Stewart C.，and Nicholas S. Majluf. Corporate Financing and Investment Decisions. When Firms Have Information that Investors Do Not Have. *Journal of Financial Economics*，1984（13）：187 – 221.

[2]　Bernanke，B. and Gertler，M. Agency Costs，Net Worth and Business Fluctuations. *American Economic Review*，1989（79）：14 – 31.

他们研究的结论是，企业的净财富水平与企业的投资水平呈正相关关系。

纳拉亚南（Narayanan，1988）则从外部投资者和内部经营者之间的信息不对称角度，分析了信息不对称对企业过度投资现象的影响。当企业的投资者和经营者之间的信息不对称存在于对企业投资项目的价值评估方面时，要求投资者仅仅通过项目的净现值将所有企业进行完全的区分是不可能。新项目净现值较低的企业可以通过发行被高估的股票而获取利益，企业净现值小于零的项目所造成的损失可以从发行的被高估股票所获得的收益中得到弥补。不对称信息导致了企业的过度投资和过度融资。因此，企业可能实施 NPV 小于零的项目，发生过度投资现象。

（二）融资约束与企业投资效率

融资约束与投资效率之间关系的研究始于菲泽瑞等（Fazzari et al.，1988）。在外部具有融资约束的前提下，他们以企业发放现金股利的多少为标准来区分其受融资约束的程度，采用投资—现金的敏感性模型对企业融资约束与投资效率的关系进行了研究，将投资和现金流之间的敏感性解释为企业受到外部融资约束的结果。他们的研究结论是，当企业的融资约束程度越高的时候，投资对企业内部的现金流的敏感性越强。对于那些外部融资能力受限的公司来讲，内部现金流成为其投资的重要决定因素。[1] 随后有许多学者，如夏勒（Schaller）[2]、保志等（Hoshi et al.）[3]、欧文（Owen）[4] 等采用实证研究从不同角度论证了融资约束与投资—现金流敏感性之间的关系，进而对融资约束和投资效率的关系进行了进一步的探讨。

然而，关于投资—现金流敏感性的融资约束解释，也有一些学者提出了置疑，主要表现在对该理论的实证分析过程方面。卡普兰和津加莱斯（Kaplan and Zingales，1997）认为，菲瑞泽、哈伯等和彼得森（Fazzari，Hubbaral and Peters-

---

[1] Fazzari Steven, R. Glenn Hubbard and Bruce Petersen. Financing Constraints and Corporate Investment. *Brooking Papers on Economic Activity*, 1988: 141 – 195.

[2] Schaller, H.. Asymmetric Information, Liquidity Constraints and Canadian Investment. *Canandian Journal of Economics*, 1993 (26): 552 – 574.

[3] Hoshi, Kashyap, Scharfstein. Corporate Structure, Liquidity, and Investment: Evidence from Japanese Industrial Groups. *Quarterly Journal of Economics*, 1991: 33 – 60.

[4] Owen Lamont. Cash flow and investment: Evidence from Internal Capital Markets. *Journal of Finance*, 1997, 52 (1): 83 – 109.

en，FHP）的解释缺乏严密的理论基础，公司投资—现金流敏感性可能与融资约束程度有关，也可能与预防性储蓄以及非理性经理和极度厌恶风险型经理的存在有关。公司投资—现金流敏感性不是融资约束的有效度量变量，FHP 对融资约束的度量存在严重的问题，公司选择低股利支付率的股利政策并不能代表该公司的投资具有融资约束。[①] 他们指出没有研究能够证实随着融资约束程度的增长，投资—现金流敏感度会相应增长这种单调关系，而这种关系正是 FHP 模型所隐含的理论。克里利（Cleary，1999）以 1 317 家美国上市公司为研究对象，进一步扩充了卡普兰和津加莱斯（1997）的研究样本，采用综合财务指标进行多元判别分析来确定企业的融资约束指数，实证研究结果支持了卡普兰和津加莱斯的结论。[②] 阿尔蒂（Alti，2003）通过构建无融资摩擦条件下的企业投资模型，也得出了与 FHP 相左的结论。[③]

（三）公司治理与企业投资效率

近年来，公司治理一直是学术界的研究热点，众多学者对此主题进行了深入的研究，公司内部治理与投资效率的关系也是学者们在研究公司治理时经常关注的焦点。

春纪托和加勒雷塔（Chungetal and Guglereta，2003）、哈特（Hart）[④] 等研究了公司治理机制对企业过度投资的影响，研究认为：良好的公司治理机制可以有效约束经理人追求私利的"道德败坏"行为，从而遏制企业经理人的盲目投资行为。理查德森（Richardson）[⑤] 则通过实证分析来阐明企业的治理结构能够对其过度投资实行有效抑制，当大公司拥有多名独立董事的时候，其经理人较少会进行非效率投资，这是因为一方面独立董事的监督机制起到了积极作用，另一方面，经理人的持股能够产生利益一致效应，使得经理人与企业所有者之

---

① Kaplan，Steven and Luigi Zingales. Do Investment – Cash Flow Sensitivities Provide Useful Measures of Financing Constraints? *Quarterly Journal of Economics*，1997，112（1）：169 – 215.

② Cleary，Sean. The Relationship between Firm Investment and Financial Status. *Journal of Finance*，1999，54（2）：673 – 692.

③ Alti，Aydogan. How Sensitive is Investment to Cash Flow When Financing is Frictionless? *Journal of Finance*，2003，58（2）：707 – 722.

④ Hart O.，Moore J. Debt and Seniority：An Analysis of the Role of Hard Claims in Constraining Management. *American Economic Review*，1995（6）.

⑤ Richardson S. . Over-investment of Free Cash Flow. *Review of Accounting Studies*，2006（11）：159 – 189.

间的代理成本得以降低。继而，霍尔和利伯曼（Hall and Liebman）[1] 的研究发现，经理人所持股票以及股票市场价值的变化是引起经理人薪酬与公司经营业绩强相关的重要原因。平达答和托雷（Pindada and Torre）[2] 的研究则表明如果股东和经理人利益一致，就可以达到缓和二者之间利益冲突的效果，从而减少投资于净现值小于零的项目的可能。

另外，伯利和米恩斯[3]很早就注意到管理层自身具有权力扩张的动机与需求。在此之后，芬克尔斯坦等（Finkelstein et al.）[4]、别布丘克和格林斯坦因（Bebchuk and Grinstein）[5] 等进一步通过管理层薪酬主要与公司规模而非业绩相关的经验证据证明了管理层存在扩张的充分理由。而格罗斯曼等（Grossman et al.）[6] 利用契约分析工具，证实了管理层的人力资产专用性将随着企业规模的扩大而提升，因而管理层还具有构筑防御壕沟的规模扩张动机。

（四）行为金融与投资效率

行为金融学的兴起和发展为企业经理人非效率投资行为的研究提供了新的解释视角，为企业投资效率研究做出了补充和完善。由于现代企业的典型特征是企业所有权和经营权相分离，经理人拥有公司的资源控制权，但其对公司资源的剩余索取权却并不一致，因此企业扩张的动机往往被认为是管理者寻求自身利益最大化。[7]

在罗尔（Roll）"自以为是"假说的基础之上，希顿（Heaton）[8] 认为经营者的过度乐观对其投资行为也有重大影响。他们指出：即使在不考虑委托代理问题或信息不对称的情况下，特定投资机会经营者的过度乐观态度也会对企业投资行为产生影响，做出过度投资决策的概率增大。玛门迪尔和泰特（Mal-

---

① Hall. B, Liebman. J.. Are CEOs Really Paid like Bureaucrats? *Quarterly Journal of Economics*, 1998（13）：653 – 691.

② Pandada, J and C. Torre. Working Paper, Universidad de Salamanca, 2002.

③ Berle, A. and G. Means. *The Modern Corporation and Private Property*, Macmillan, New York, 1932.

④ Finkelstein, Sydney and Donald C., Hambrick. Chief Executive Compensation：A study of the Intersection of Markets and Political Processes. *Strategic Management Journal*, 1989, 10（2）：121 – 134.

⑤ Bebchuk and Y. Grinstein. *Firm Expansion and CEO Pay*, Harvard Law School Working Paper, 2007：53.

⑥ Grossman, Sanford and Oliver Hart. The Cost and Benefits of Ownership：A Theory of Vertical and Lateral Integration. *Journal of Political Economics*, 1986（20）：42 – 64.

⑦ Roll Richard 在 1986 年提出了企业扩张的管理层"自以为是"（hubirs）假说，将一部分企业的扩张动机归结为管理层过度自信、狂妄自大的结果。

⑧ Heaton, J. B. Managerial Optimism and Corporate Finance. *Financial Management*, 2002（31）：33 – 45.

mendier and Tate）① 发现，在内源资金相似情况下，过度自信的首席执行官
（CEO）投资更为频繁。本和戴维等（Ben - David et al.）② 运用新的区分企业首
席财务官（CFO）自信程度的方法，通过对比盈利预测与实际盈利，发现 CFO
如果过度自信会对诸如更多投资、投资对企业现金流的敏感度等企业财务决策
形成影响。格拉泽等（Glaser et al.，2007）则进一步扩大对经理人的过度自信
和过度乐观的研究，他们以包括企业董事、监事、CEO、CFO 以及高层管理人员
在内的企业决策群体为研究对象，采用德国的上市公司数据加以研究得出结论：
经理层整体有过度自信倾向，对企业投资水平以及企业投资—现金流敏感度来
说，经理层的过度自信有正向影响。

通过对国外现有研究的回顾可见，投资行为和投资效率与许多有关上市公
司的经验研究热点都密切相关，这样就为研究上市公司治理结构及其有效性、
上市公司投资效率等问题提供了有效视角，这些成果为我国的投资效率研究提
供了理论基础和有益借鉴。但是，西方发达国家作为成熟市场经济国家，与我
国这样的新兴市场经济国家在资本市场的有效程度、上市公司治理所面临的问
题、市场竞争态势，以及政府对市场的监管等诸多方面存在不同，他们的研究
结论可能对我国并不适用，我们可以借鉴其研究的思路、发问的方式以及研究
方法，但是决不能简单套用其研究结论来解决我国的实际问题。

二、国内研究现状述评

多年来我国学者也对企业的投资行为进行了比较深入的研究，但研究的角
度主要侧重于委托代理角度和融资约束角度。当对企业性质进行划分时，国有
企业则主要集中于政府干预对企业投资的影响角度。我国学者在实证研究中所
采用的模型多为国外学者的研究成果，主要有 Fazzari，Hubbard and Petersen 模
型（FHP 模型，1988）、Vogt 模型（1994）和 Richardson 模型（2006）。

---

① Malmendier Ulrike and Tate Geoffrer. CEO Overvonfidence and Corporate Investment. *The Journal of Finance*，2005
（6）：2661 –2700.
② Ben D. I. ，John R. Graham and Harvey. *Managerial Overconfidence and Corporate Policies*，Working Paper，2006.

（一）融资约束角度

从融资约束角度出发的投资效率研究多采用的是 FHP 模型。作为国内较早对企业的投资行为进行实证检验的学者之一，冯巍（1999）运用 FHP 模型对我国制造业企业样本进行分组和检验，考察了企业投资和企业现金流量间的敏感性，认为影响敏感性的根本原因是我国资本市场信息的不对称性而非融资约束。王彦超（2009）研究的则是融资约束与企业内部现金流和企业投资效率的关系，他的研究发现，企业过度投资与融资约束的关系不明显，但投资不足与融资约束关系显著。

童盼和陆正飞[①]分别从理论和经验数据两个方面说明企业的负债易造成投资不足，这是因为资产间存在着替代效应。与此同时企业的相机治理效应可以减少企业的自由现金流，约束了经理人进行过度投资。陆正飞等[②]则借鉴 McCabe（1979）[③] 模型，发现当企业的财务风险越低的时候，其新增投资会越多；公司的长期负债与企业新增投资间存在正相关关系；新增长期负债的波动正相关于投资的波动。

黄乾富和沈红波（2009）则对 Richardson 模型和 Vogt 模型加以综合，用我国制造业类上市公司的经验数据进一步研究了负债融资的影响。[④] 两位学者的实证研究结果发现，对于我国上市公司制造业企业来说，投资不足和过度投资现象并无多少差异；企业的短期负债对公司过度投资有较大的约束作用，而长期负债对公司过度投资约束作用较小。

应千伟等（2012）研究了银行授信额度提升所产生的融资约束缓解对投资效率的影响。[⑤] 他们的研究结论是：随着企业从银行获得授信额度的增加会降低企业的融资约束程度，相应的能够提高企业的投资效率。

李希（2013）实证检验了 2002～2011 年同时在 A 股和 H 股市场上市的企

---

① 童盼、陆正飞：《负债融资、负债来源与企业投资行为——来自中国上市公司的经验证据》，载于《经济研究》2005 年第 5 期，第 75～84 页。
② 陆正飞、韩霞、常琦：《公司长期负债与投资行为关系研究——基于中国上市公司的实证》，载于《管理世界》2006 年第 1 期，第 20～25 页。
③ McCabe George M. . The Empirical Relationship between Investment and Financing: A New Look. *Journal of Financial and Quantitative Analysis*, 1979（14）：119–135.
④ 黄乾富、沈红波：《债务来源、债务期限结构与现金流的过度投资——基于中国制造业上市公司的实证证据》，载于《金融研究》2009 年第 9 期，第 143～155 页。
⑤ 应千伟、罗党论：《授信额度与投资效率》，载于《金融研究》2012 年第 5 期，第 151～163 页。

业，分析了双重上市对融资约束的作用，以及双重上市对企业投资效率的影响，其研究结论是：A 股和 H 股同时上市使得企业的融资约束程度呈现明显上升态势，但是对企业的投资效率双重上市没有明显的效用。

（二）代理成本角度

随着对公司投资行为研究的进一步深入，学者们开始从委托代理角度来进行思考。何金耿和丁加华（2001）认为前述研究中冯巍的结论有失偏颇，因为后者虽然利用了 FHP 模型，但仅凭投资与现金流之间的敏感性分析就得出企业存在着融资约束，其理由并不充分。两位学者遂采用 Vogt 模型以证明投资—现金流敏感性实质上来源于企业的代理成本。王化成和胡国柳（2005）的研究则认为经理人谋取私利的一个重要手段是对企业进行多元化，他们通过实证研究发现，在经理的多元化决策过程中如果股东能够发挥充分积极的监督作用，就能有效降低代理成本，并减少经理人的多元化行为。

辛清泉等（2007）的研究发现，经理人的机会主义更容易在经理人的薪酬激励不足时被诱发，导致企业的过度投资。

同样是对投资效果进行研究，罗富碧等（2008）研究的是经理人股权激励对企业投资行为的影响，发现经理人股权激励与企业投资显著正相关，且从投资总量来比较，实施股票增值权的企业比采用其他激励方式的企业的激励效果更大。

彭文伟等（2009）则从大股东对代理成本影响的角度，利用 Vogt 模型研究发现：如果企业现金流权和最终控制权是统一的，则有利于抑制过度投资；反之两者分离程度越大企业的过度投资程度就越严重。俞红海等（2010）另辟蹊径，借鉴 Richardson 模型，经过实证分析发现：股权集中会导致过度投资的发生，且企业控制权如果与现金流权相分离，则会加剧过度投资行为，支持了彭文伟的研究结论。

（三）其他角度

除了以上的分析外，我国学者还从其他多个角度对企业投资行为及投资效率的影响因素进行了研究。

郝颖等（2005）从行为财务学角度对经理人的过度自信与企业投资行为的

关系进行研究，发现在我国实施股权激励的上市公司里有 25% 左右的经理人有过度自信行为，且经理人的过度自信程度与企业过度投资正相关。王霞等（2008）的研究亦支持郝颖的结论，他们发现对于过度自信的经理人来说，当企业有充裕的现金流时会倾向于投资过度，反之，则倾向于投资不足。

姜付秀等（2009）从管理者背景角度出发分析了过度自信对企业投资行为的影响。他们借鉴 Richardson 模型发现，经理人平均年龄以及经理人的教育水平等均与过度投资负相关；企业的所有制背景与经理人过度投资的关系具有差异性。李焰等（2011）分析的是不同产权制度下经理人的背景与企业投资行为的关系：国有企业的经理人背景通过企业投资行为来影响企业的经营绩效；而对于非国有企业，经理人背景只影响投资行为，与企业绩效没有显著的相关关系。

谭燕等（2011）在 Richardson 模型的基础上，分析了企业投资行为受到政府与企业关系的影响，发现如果地方上市公司数量越少，则企业的影响力就越大，过度投资行为越严重。

关于企业投资效率测量方法的研究，国内学者进行了大量工作。郑玲（2008）首先将企业排除投资规模影响的投资增量与行业平均投资增量加以比较做出预判，再将企业投资年份及第二年的平均资产回报率（ROA）与该企业之后三年平均的 ROA 进行比较，将上市公司区分为过度投资、投资不足及正常投资三大块；张功富和宋献中（2009）构建了新的企业投资效率测度模型，他们综合采用了 Richardson 模型和 Vogt 模型得出我国上市公司的投资情况，发现在我国上市公司中投资过度和投资不足两种非效率投资状况并存，并且得出如下结论：投资过度由企业的代理成木所形成，而投资不足则出企业的融资约束所形成；周伟贤（2010）构建的我国上市公司的投资效率方法则以企业投资的平均值以及中位值为分界点来进行衡量，从公司的基本面进行实证研究发现，在我国的上市公司中企业投资不足情况比过度投资更为严重。

通过以上对国内非效率投资的相关文献进行回顾我们可以发现，我国的文献大多借鉴国外学者所采用的研究方法（包括自由现金流检验方法以及投资—现金流敏感性检验方法等）以及国外学者所建立的研究模型（如 FHP 模型、Richardson 模型以及 Vogt 模型等），运用我国上市公司的实际数据从不同的角度研究了企业投资行为，但目前的研究还存在以下争议及不足：

（1）我国上市公司投资情况具体是怎样的？各公司到底存在投资不足还是

投资过度状况？在过度投资与投资不足之间，是否存在正常投资的公司？对于非效率投资的判定与识别，不同的学者有不同的结论，怎样制定一个合理的衡量方法和标准，需要我们继续探索。

（2）国外学者的研究方法与所建模型毫无疑问是值得借鉴的，但无论是理论还是经过经验验证，这些方法和模型都存在着各种不足。因此，我们在进行研究时对这些方法模型的选用应当结合我国上市公司的实际情况，否则研究所得结论就会失去实践意义。

（3）国内研究往往从单一的角度出发来对影响公司投资决策的因素加以研究，还未形成系统的分析，且多数研究是单向的，未进行投资行为和因素之间的相互作用研究。

第二节　投资效率研究的制度背景

通过导论中对中国内外研究现状的综述我们可以看到，国内外学者对于企业投资效率多是分别从企业的自由现金流、公司治理因素以及债务融资约束等角度来进行的探讨。对于本书来说，我们将研究企业的投资效率影响因素的侧重点集中于企业内部的公司治理和企业外部的产品市场竞争之上。

一、薪酬契约和资本投资

经理人以自身利益为目标是其进行非效率投资的主要原因，公司治理的目标之一是设计出合理有效的薪酬激励机制，促使经理人做出合理且有效的企业投资决策，以降低非效率投资水平。

公司治理的构成内容颇为丰富。在国内前人的诸多研究中，多以企业的股权集中度、董事会规模和特征、独立董事比例、股权制衡度、控股股东性质、公司规模、企业成长机会等内容作为研究对象，较多地将研究焦点集中在企业内部治理如何发挥对经理人过度投资行为的制约作用上。作为公司治理的一个重要方面，经理人薪酬激励机制对企业投资的影响近年来也受到大量学者的关注。对两者之间的研究不胜枚举，其结果也各异。经理人薪酬制度对企业投资行为及企业绩效的影响机制大致如下：由于薪酬制度的约束和激励会影响经理人的投资行为，继而对企业绩效产生影响。因此，对经理人的薪酬激励开展研究是极其重要的，对于企业家薪酬理论的完善和公司治理理论的丰富具有深远意义。

对于企业来说，资本投资决策至关重要，因为它会影响企业的成长和未来现金流的流入，它是企业其他财务行为的基础。国外对企业投资以及经理人薪酬的研究大多置于委托代理理论框架下，这是因为现代企业的特征是所有权和经营权分离，两权分离带来的经理人与股东之间的代理问题，是传统的委托代理理论的核心内容。由于信息不对称以及契约不完备，经理人的行为常常存在道德风险。为保证代理人的行为不偏离或损害委托人的利益，简森和麦考林（Jensen and Meckling，1976）认为委托人就必须事先采取一定的措施来控制代理人的行为。[①] 当然，监督和约束代理人的行为会产生代理成本，包括委托人的监督支出、代理人的保证支出以及代理人的决策偏离委托人福利最大化导致的剩余损失三个部分。

委托代理理论认为，在信息不对称的情况下，股东与经理人之间存在的利益冲突所引起的代理问题反映在企业投资领域就是各种非效率的投资行为，这样的投资行为往往体现经理人的个人利益目标，而非股东价值最大化。因此，建立有效的激励契约成为必须，增加经理人的保证支出可以大幅提高投资者的福利，减少监督支出，从而减少代理成本总额，带来公司价值的增长。

二、产品市场竞争与企业投资

产品市场竞争很早就被许多经济学家认为是组成公司外部治理机制的重要部分。艾伦和盖尔（Allen and Gale，2000）认为，产品市场竞争可能是一种比

---

① Jensen，M. C.，Meckling，W. H.. Theory of the Firm：Managerial Behavior，Agency Costs and Ownership Structure. *Journal of Financial Economics*，1976（3）：305 – 360.

公司控制权市场或制度监督更为有效的公司治理机制。[①]

而产品市场竞争与公司内部治理机制的关系如何，在学者的研究中存在争议。总体来说，众多研究有两种不同的基本观点：互补关系和替代关系。除此之外，也有学者如施密特（Schmidt）提出，竞争与公司治理两者之间的关系是一种"状态依存"关系。

互补观点认为产品市场竞争与公司内部治理对企业的作用可以互相强化。如此一来，企业单纯强调加强市场竞争或单纯强调改善企业内部公司治理都不足以有效地提高企业绩效，必须双管齐下才能达到效用。

与互补的观点相反，替代关系认为市场竞争和公司内部治理在提高企业绩效方面可以互相替代，加强两者之一就可以有效提高企业的绩效。

然而企业的绩效只是企业投资及经营的结果，是用会计指标表达的投资经营效果。在企业的各类投资行为中，过度投资和投资不足等非效率投资对企业绩效会产生非常大的影响。这其中，投资不足的情况往往是由于企业的现金流不够即受到融资约束而产生，它是经理人由于种种原因而放弃 NPV 大于零的企业投资项目。但过度投资则不然，它是经理人将企业的资源投放于 NPV 小于零的项目的行为，其危害比投资不足严重得多。

要从根本上对过度投资进行治理，首先就必须认清过度投资的本质，在此基础上找到产生过度投资的根本原因，并从源头上加以治理，才能取得理想的效果。简森（1986）指出，过度投资主要是由于委托人与代理人之间的代理冲突和信息不对称所导致的，而缓解代理冲突的主要机制就是公司内部治理和外部的产品市场竞争。

经理人的薪酬、所能支配的企业资源等往往与企业规模正相关，简森（1986）的研究表明，当企业存在足够的自由现金流时，经理人倾向于进行过度投资而不是将多余的现金支付给所有者。另外，根据融资啄序理论，企业的内部融资成本比外部融资成本要低。在所有者和代理人之间存在信息不对称的情况下，当企业内部现金流不足，满足不了对所有 NPV 大于零的项目进行投资时，企业就需要向外部融资。而经理人无法使股东确信融资的原因的确是企业有好的投资机会，无法使投资者相信自己并非出于扩张目的进行筹资，结果导致投

---

① Allen，Gale. Financial Contagion. *Journal of Political Economy*，2000（2）：5 - 27.

资不足。

可以看出，信息不对称和代理成本问题在很大程度上导致了非效率投资。然而众多学者的研究都表明产品市场竞争可以有效缓解信息不对称问题和代理成本问题，从而减少企业的非效率投资行为。产品市场竞争能为投资者提供更多额外的信息，降低投资者和代理人之间的信息不对称。另外，竞争的破产清算威胁也使经理人追逐自身利益的成本增加，迫使经理人放弃以投资者利益为代价的过度投资和投资不足行为，减少企业价值最大化的背离。

产品市场竞争对同一行业间不同企业投资行为的影响分为两个情形：在传统的竞争性行业中，其中的某个企业的投资决策会影响或降低其他同行业企业的收益。当该行业的市场扩大后，竞争力最强的企业优先得到投资，行业内其他各企业再顺次进行投资。而在竞争具有正的外部性的行业中，某一个企业的投资则会增加其他企业投资的收益。随着行业的发展和市场的扩大，该行业内各企业同时进行投资。

第四章
企业投资效率识别方法研究

我国目前处于市场经济发展的初级阶段，属于新兴的工业化市场，国民生产总值近年来一直保持较高的增长速度，我国资本市场的发展在这一过程中也保持着高速的发展势态。虽然过度投资和投资不足统称为非效率投资，但是我国新兴市场的快速发展特征决定了上市公司投资行为的非效率表现主要以过度投资为主。通常认为，过度投资是投资于 NPV 小于零的项目，投资不足则是对 NPV 大于零的项目不予投资，过度投资的危害远甚于投资不足，这也是人们对于企业非效率投资更关注过度投资的原因。

企业的投资行为是企业成长与未来现金流增长的基础。企业的投资效率则直接关系到企业价值能否实现最大化，关系到企业的股东利益能否得到妥善的保护。我国上市公司在近年来的发展过程中是否存在过度投资等非效率的投资行为、如何识别有过度投资行为的上市公司构成了本章关注的重点。通过识别上市公司非效率投资行为，可以有效地保护中小投资者的利益，加强上市公司投融资的监管和促进融资资金的有效利用。

第一节　非效率投资的发生机理

瓦茨和齐默尔曼（Watts and Zimmerman，1978）指出，股权分散的上市公司偏好使用基于会计业绩的奖励机制激励公司的管理层，这种机制试图协调公司外部投资者与企业内部经理人之间的利益冲突，促使高层经理人员向外部投资者的利益最大化方向努力，但是这也导致企业管理者产生了多报盈利以满足个人利益的动机。[1] 迪福等（DeFond and Jiambalvo，1991）的研究推进了瓦茨和齐默尔曼的论断，他们发现，股权分散上市公司在盈利增长放缓的情况下，公司管理层更可能通过进行过度投资来满足个人私利，这便导致了非效率投资。[2] 对美国资本市场的这一系列研究揭示了美国上市公司所存在的主要公司治理问

---

[1]　Watts，R.，and J. Zimmerman. Towards A Positive Theory of the Determination of Accounting Standards. *The Accounting Review*，1978（53）：112 – 134.

[2]　DeFond，M.，and J. Jiambalvo. Incidence and Circumstances of Accounting Errors. *The Accounting Review*，1991（66）：643 – 655.

题——企业外部投资者与公司管理层之间的代理问题，正是由于这种代理问题的存在导致了非效率投资的发生。

LLSV（1997；1998）和 LLS（1999）的一系列研究指出，以英国和美国为代表的普通法系国家的上市公司股权通常比较分散，上市公司较容易出现管理层控制公司的问题，管理层为了获得私人利益，往往以牺牲公司利益为代价进行盈余管理。而大陆法系国家股权通常都比较集中，上市公司易出现大股东控制的问题，大股东为了获取控制权收益，可能利用隧道挖掘、大股东占款等手段侵占小股东利益。①② 值得注意的是，LLS 的研究选取的对象是市场经济较为成熟的 27 个国家，与其中的大陆法系国家类似。我国的上市公司具有股权集中的典型特征，但与之不同的是，我国上市公司的大股东中大多数具有国有性质③，而国有股的一个重要特征是所有者对于经营者监督的不到位，这一特征在某种程度上又与英美公司的公司治理缺陷有一定的相似性。我国特有的制度特征为本书的研究提供了难得的机遇，对这一问题的研究不但是对公司治理理论的丰富，并且可能对上市公司投资效率问题的研究提供新的贡献。

总之，对于我国这样一个处于转型经济时期的国家而言，上市公司所具有的独特产权和特别的公司治理结构，必然决定我国上市公司代理问题的独特性；但与此同时，中国经济的发展历程表明，我国的经济发展并没有脱离经济学的常规范畴④，故国外既有的分析模式和研究成果对于我国的研究仍然具有不可或缺的借鉴作用。

第二节　非效率投资的理论分析

由于资本市场的非完善性，企业的股东、债权人和企业管理层之间存在信

---

① La Porta, R. Lopez-de-Silanes, F. Shleifer, A. Vishny, R. W.. Legal determinants of external finance. *Journal of Finance*, 1997 (52)：1131－1150.

② La Porta, R. Lopez-de-Silanes, F. Shleifer, A. Vishny, R. W.. Law and finance. *Journal of Political Economy*, 1998 (106)：1113－1155.

③ 刘芍佳、孙霈、刘乃全：《终极产权论、股权结构及公司绩效》，载于《经济研究》2003 年第 4 期。

④ ［美］德怀特·帕金斯：《从历史和国际的视角看中国的经济增长》，载于《经济学》（季刊）2005 年第 4 期。

息不对称，由此产生道德风险和逆向选择等委托代理问题。这些问题的产生对企业的融资决策和投资决策都有显著的影响。例如，简森（1976）认为投资行为的非效率性是由于经理与股东之间存在代理成本，经理从自身利益出发可能更关心企业规模的扩张。因为随着规模的扩张，经理可以得到更多的升迁机会、更高的社会地位以及其他货币、非货币的利益。虽然通过经理人持股等股权激励措施可以缓解这种矛盾，但不足以使经理的目标和企业目标保持一致。当企业出现充足现金流时，经理会出现过度投资行为，进而损害股东的利益。[①] 简森对过度投资的定义指的是经理将现金投资于未来净现值小于零的项目，进而产生企业规模不断扩大而股东的收益却并没有随之增加的现象，过度投资满足了经理的私利。

对于过度投资现象的应对，简森认为负债可以减轻经理的这种行为。这就是负债的相机治理机制。这种机制作用的发挥是由债务偿还与企业自由现金流的关系所确定的。债务还本付息的特征减少了经理可支配的自由现金流，从而降低了过度投资发生的可能性。另外，在债务到期不能偿还时，债权人有接管公司的权力，这对经理控制权是一种约束，迫使经理更好地运用资金以避免过度投资导致到期不能偿还债务而丧失企业的控制权。根据 CSMAR 数据库的统计，我国上市公司的平均资产负债率在 2008 ~ 2017 年间的具体情况如表 4 - 1 所示。从中可以看出，负债融资对我国上市公司来讲非常重要，平均资产负债率多年来都在 50% ~ 60%，说明负债自身对过度投资的约束机制是存在的。那么在这种情况下我国上市公司是否还存在着非效率投资行为呢？具体如何进行识别？这些是本章需要解决的问题。

表 4 - 1　　　　　　　　我国上市公司各年平均资产负债率

年度	2008	2009	2010	2011	2012	2013	2014	2015	2016	2017
平均资产负债率（%）	52.93	55.69	55.88	57.58	58.30	59.00	58.63	59.34	60.11	59.87

资料来源：根据国泰安 CSMAR 数据库统计得出，并在计算时去掉金融保险行业和 ST 类股票。

---

① Jensen, M. and W. Meckling. Theory of the Firm: Managerial Behavior, Agency Costs and Ownership Structure. *Journal of Financial Economics*, 1976（3）：305 – 360.

第三节　上市公司非效率投资行为的识别方法评述

近年来，我国上市公司的投资行为经常出现一些耐人寻味的现象，如频繁变更募集资金投向、投资效率低下等，这些现象引起了市场的关注，有关学者展开了对非效率投资行为的研究。具体的研究内容包括内部现金流对非效率投资的影响、外部融资约束对非效率投资的影响、企业成长性对非效率投资的影响等方面，而企业投资效率的判断是以上研究的基础。不同学者从不同的角度、采用不同的方法对非效率投资行为的存在进行了肯定，并给出不同的判断标准，主要有以下两类：

一、非效率投资识别的对比法——投资规模与自由现金流的比较

根据简森的自由现金流理论，自由现金流是过度投资的主要资金来源，因此自由现金流和企业投资规模的关系便成了进行过度投资判断的主要依据。米格尔和平达多（Miguel and Pindado）以企业当年投资规模是否大于企业自由现金流的均值为标准来判断企业是否存在过度投资行为。[①] 干治以此判断为标准检验了我国上市公司的过度投资行为，发现国有控股企业的过度投资行为更为显著。[②]

二、非效率投资识别的预测法——实际投资额与理想投资额的比较

预测法认为根据企业成长的特征，企业的投资规模和成长性之间具有一定

---

① Miguel Alberto de, Pindado. Julio. Determinants of Capital Structure：New Evidence from Spanish Panel Data. *Journal of Corporate Finance*，2001（7）：77～99.
② 王治、周宏琦：《负债、负债结构与企业投资行为——来自中国上市公司的经验证据》，载于《海南大学学报》（人文社会科学版）2007年第2期，第169～175页。

的相关关系，因此可以建立成长性和投资规模之间的回归方程来进行理想投资规模的预测（Richardson），然后将实际投资额与预测的理想投资额进行比较，如果实际投资额大于预测的投资额则判定为过度投资。[①] 对比中成长性指标的选择有托宾 Q 值、权益市场价值比、主营业务增长率等。刘昌国[②]、徐晓东和张天西[③]等使用该种方法进行了过度投资行为的研究。另外，魏明海以成长性和投资规模回归方程的残差作为过度投资的度量。[④] 以上研究发现我国上市公司存在一定的过度投资现象，并和自由现金流有着较强的相关性。

三、对以上非效率投资识别方法的评述

研究上市公司是否存在过度投资，进而分析过度投资的危害、影响及其治理对提高资金使用效率和保护投资者利益具有重要意义。而过度投资与否的量化则是其中关键的一环。以上对过度投资行为的量化分析方法能够从某一方面体现企业存在过度投资的表现，但具有一定的缺陷，主要表现在以下几个方面：

（1）企业投资项目的资金支出和自由现金流有一定的关系，但自由现金流不是投资与否的决定因素。在自由现金流一定的情况下，如果投资的项目对企业是至关重要的，涉及企业扩张战略或产品市场竞争地位，自由现金流的约束就不是首要考虑因素，此时投资规模会显著大于自由现金流。因此将投资与自由现金流相比并不能说明投资的非效率性，并且简森对过度投资的定义在于NPV 小于零，此时投资仅以规模扩张为目标。

（2）企业投资项目往往并非能在一个会计期间顺利完成。以上两种判断方法都未考虑项目完成的时间问题。一般而言企业实施新项目或进行重大技术改造的时间跨度都在一年以上，固定资产的投资也会分期完成。因此以当年的投资来判断是否过度投资则会存在较大的偏差，应考虑相邻两年或三年的投资情况更符合企业的现实情况。

---

① Richardson, Scott. Over-investment of free cash flow. *Review of Accounting Study*, 2006 (11): 159 – 189.
② 刘昌国：《公司治理机制、自由现金流量与上市公司过度投资行为研究》，载于《经济科学》2006 年第 4 期，第 50～58 页。
③ 徐晓东、张天西：《公司治理、自由现金流与过度投资的关系研究》，第四届国际公司治理年会，2007 年，南开大学。
④ 魏明海、柳建华：《国企分红、治理因素与过度投资》，载于《管理世界》2007 年第 4 期，第 88～96 页。

（3）以上两种方法未考虑投资回报的问题。简森对过度投资的定义中重点强调的是投资回报，而以上两种方法仅考虑当年投资和其他因素的比较，并没有说明投资的回报情况。当年投资额和自由现金流以及预测投资额的比较只能说明投资额度的大小可能存在一定的异常，并没有反映出投资回报的内容。

（4）未考虑投资行为的行业影响。以上判断方法要么是从整个市场的角度进行比较，要么是从单一企业内部进行的判断，而没有考虑投资行为所具有的行业特征。行业成长性的不同，对行业内投资规模的要求也是不一样的。处于成长期的行业所要求的扩张规模必然大于处于衰退期的行业。同样的投资规模或同样增长率下的投资规模在不同的行业内所起的作用是不一样的，如电子行业和服务行业之间投资规模或增长率所对应的投资规模是不具有可比性的。

第四节 基于行业差异的非效率投资的识别

根据以上分析，对过度投资的诊断重点考查行业差异、投资后效益情况以及对投资规模的跨年度分析。由此构建过度投资的诊断方法，并收集 2012 年以前在我国 A 股市场上市的上市公司 2012～2016 年的相关数据，对其中在 2012～2013 年度存在过度投资行为的上市公司进行诊断。具体的步骤如下：

第一步：投资规模指标的确定。

根据简森对过度投资的定义，经理进行过度投资的主要目的是企业规模的扩大，经理由此可以获得地位的巩固和其他方面的收益，那么此时的规模就应该是经理所能直接控制的资产。借鉴汪辉[1]、刘昌国[2]等人的观点，笔者将投资规模定义为固定资产的增加额，用公式（4.1）表示：

$$I = \frac{\Delta(\text{固定资产净额} + \text{在建工程} + \text{工程物资})}{\text{期初固定资产总额}} \quad (4.1)$$

其中固定资产、在建工程以及工程物资的年增加额表示投资的增加，除以

① 汪辉：《上市公司债务融资、公司治理与市场价值》，载于《经济研究》2003 年第 8 期，第 28～35 页。
② 刘昌国：《公司治理机制、自由现金流量与上市公司过度投资行为研究》，载于《经济科学》2006 年第 4 期，第 50～58 页。

期初固定资产总额用以消除规模的影响，便于不同规模企业间的比较。

第二步：考虑投资规模的行业因素。

非效率投资行为首先表现为规模上的投资，消除了不同规模企业的影响后，需要考虑的是行业不同对新增投资需求的差异。具体投资规模的大小需要在行业内比较才具有可比性。由于投资通常并非一年内可以完成的（即长期投资有一定的建设期），本书选择 2012～2013 年两年时间进行投资规模的期间判断。具体做法是如果企业这两年的平均投资额大于本行业的平均投资额则说明该企业存在过度投资的可能，进一步的判断需要根据此后年度的收益来进行。在分行业的分析中，以中国证券监督管理委员会（以下简称"证监会"）颁布的《上市公司行业分类指引》（2016 年修订）为依据。《上市公司行业分类指引》（2016 年修订）将上市公司的经济活动分为门类、大类两级，在制造业的门类和大类之间增设辅助性类别（次类），本书进行的行业过度投资判断将以此为依据。如果全部企业按大类划分行业，则各大类内的上市公司数量过少，不能反映出行业发展的状况，也不利于数据分析。又由于制造业在我国上市公司中超过 60%，且各次类之间界限清晰，各次类都有为数众多的上市公司，可以代表本行业的发展情况，因此本书对行业的划分进行了如下处理：制造业的行业划分以次类为主，其他行业依然按照《上市公司分类指引》（2016 年修订）中的门类来进行划分。在数据收集中由于金融类公司的异质性，研究样本不包含金融类上市公司；对综合类的上市公司以及制造业中的其他类上市公司因无法进行行业投资比较，故予以剔除；制造业中的木材、家具业在 2012 年前上市的只有 11 家公司，无法代表行业发展状况故予以剔除。在识别过程中剔除掉缺失数据的公司，最后共得到 18 个行业 1982 家上市公司来进行行业内的过度投资判断。具体各行业超过行业平均投资程度的上市公司数量如表 4-2 所示。

表 4-2　　　　　　　　　　　过度投资识别过程

序号	行业名称	行业投资平均（I）	行业内公司数（家）	超过行业平均投资的公司数（家）	收益比较后得到过度投资公司数（家）	过度投资占行业比重（%）
1	采掘业	0.189	48	39	25	52.08
2	传播与文化产业	0.084	25	5	3	12

续表

序号	行业名称	行业投资平均（I）	行业内公司数（家）	超过行业平均投资的公司数（家）	收益比较后得到过度投资公司数（家）	过度投资占行业比重（%）
3	电力煤气及水的生产和供应业	0.311	66	9	5	9.09
4	房地产业	0.034	56	19	14	25
5	建筑业	0.079	55	15	11	20
6	交通运输仓储业	0.063	80	45	17	21.25
7	农林牧渔业	0.121	56	15	11	19.64
8	批发和零售贸易	0.177	122	27	15	12.3
9	社会服务业	0.038	50	19	12	24
10	信息技术业	0.762	188	58	25	13.3
11	电子	0.132	119	42	22	18.49
12	纺织服装皮毛	0.047	74	31	16	21.62
13	机械设备仪表	0.244	358	177	92	25.70
14	金属非金属	0.188	210	81	63	30
15	石油化学塑胶塑料	0.190	236	76	58	24.58
16	食品饮料	0.090	89	27	14	15.73
17	医药生物制品	0.045	111	37	25	22.52
18	造纸印刷	0.123	39	18	13	33.33
	平均	0.162	1 982（合计）	731（合计）	441（合计）	22.25

资料来源：CSMAR 数据库系统。

第三步：考虑投资后的收益因素。

企业项目投资完成后会存在一定的产品市场开发和规模逐步达产的期间，投资当期不可能立即产生效益，因此对投资后效益的分析宜采取稳健的比较方法，即用投资后的年度平均总资产收益率和此前的年度平均总资产收益率进行比较，如果前者较大，说明投资产生了效益，无论投资是否大于行业平均都是可行的投资；如果后者较大，在投资大于行业平均值的情况下则说明投资是过度投资，并没有给企业股东带来应有的投资回报。而对于投资不足的情况，在企业投资规模小于行业平均值的前提下，本着和过度投资对比一致的原则，如果投资后的年度平均总资产收益率大于投资前的，则说明是有效率的投资；如果投资后的年度平均总资产收益率小于投资前的，说明企业可能放弃了一些 NPV 大于零的项目，没有通过有效的投资来增加企业的收益，出现了投资不足的现象。对于投资后的总资产收益率大于此前年度的，则说明投资是一种有效的投资，即属于正常投资类别。

本书选择 2014～2016 年的平均 ROA 和 2012～2013 年的平均 ROA 进行比较，在考虑行业因素的基础上进行收益的判断，最后得到在 2012～2013 年存在过度投资的上市公司，相关结果如表 4-2 所示。

由表 4-2 可以看出我国上市公司在 2012 年和 2013 年基本上各行业均处于较快的发展阶段，年平均投资增加额的相对数超过了 16.2%。其中存在过度投资的上市公司占到了分析样本总数的 22.25%，除采掘业较大外，过度投资在各个行业中的分布还是比较均匀的，说明我国上市公司在不同的行业内都存在较为严重的过度投资行为。其中过度投资的上市公司数量超过行业总数高于平均数的有采掘业、房地产业、交通运输仓储业、纺织服装皮毛、机械设备仪表业、金属非金属业、石油化学塑胶塑料业、医药生物制品业、造纸印刷业九个行业，达到了行业总数的三分之一。从中可以看出，上市公司通过过度投资这种非效率的投资行为降低了整个资本市场的融资效率，侵害了广大投资者的利益。

通过这种方法进行过度投资行为的诊断，可以准确地体现简森对过度投资的定义，为其债务相机治理理论的深入研究提供准确的样本数据。与其他过度投资识别方法比较可以更准确地反映不同行业内存在的过度投资情况，在超过行业平均投资规模的情况下却带来了资产收益率的下降，这更深刻地反映了这些过度投资行为的危害。进一步进行关于过度投资的治理和投资前后的监控需要从公司治理环境和相关法律法规的完善入手来深入研究，而过度投资上市公司的特征研究则可以帮助广大投资者更好的认识到过度投资形成的一些内在因素。

用前述的方法我们同样可以识别出投资不足的公司，其结果如表 4-3 所示。由表 4-3 可以看出在 2012 年和 2013 年中存在投资不足的上市公司占到了分析样本总数的 24.07%，投资不足在各个行业中的分布有比较大的差异，传播与文化产业和信息技术业分别达到了 36% 和 37.77%，而采掘业则没有投资不足的企业。说明我国上市公司在不同的行业内都存在较为严重的投资不足现象，且行业间的差异较大。

表 4 - 3   投资不足的识别过程

序号	行业名称	行业平均投资水平	行业内公司数（家）	小于行业平均投资的公司数（家）	投资不足公司数（家）	投资不足占行业比重（％）
1	采掘业	0.189	48	9	0	0
2	传播与文化产业	0.084	25	20	9	36
3	电力煤气及水的生产和供应业	0.311	66	57	18	27.27
4	房地产业	0.034	56	37	16	28.57
5	建筑业	0.079	55	40	9	16.36
6	交通运输仓储业	0.063	80	35	15	18.75
7	农林牧渔业	0.121	56	41	11	19.64
8	批发和零售贸易	0.177	122	95	39	31.97
9	社会服务业	0.038	50	31	12	24
10	信息技术业	0.762	188	130	71	37.77
11	电子	0.132	119	77	19	15.97
12	纺织服装皮毛	0.047	74	43	12	16.22
13	机械设备仪表	0.244	358	181	88	24.58
14	金属非金属	0.188	210	129	46	21.9
15	石油化学塑胶塑料	0.190	236	160	57	24.15
16	食品饮料	0.090	89	62	18	20.22
17	医药生物制品	0.045	111	74	27	24.32
18	造纸印刷	0.123	39	21	10	25.64
	平均	0.162	1 982（合计）	1 251（合计）	477（合计）	24.07

资料来源：CSMAR 数据库系统。

结合表 4 - 2 和表 4 - 3，可以得到上市公司在 2012 ~ 2013 年间各个行业正常投资的具体情况，如表 4 - 4 所示。另外，我们还可以得到各行业投资行为比例表和分析图，如表 4 - 5 和图 4 - 1 所示。

表4-4 正常投资行为情况

序号	行业名称	行业平均投资水平	行业内公司数（家）	正常投资行为公司数（家）	正常投资占行业比重（%）
1	采掘业	0.189	48	23	47.92
2	传播与文化产业	0.084	25	13	52
3	电力煤气及水的生产和供应业	0.311	66	43	65.15
4	房地产业	0.034	56	26	46.43
5	建筑业	0.079	55	35	63.64
6	交通运输仓储业	0.063	80	48	60
7	农林牧渔业	0.121	56	34	60.71
8	批发和零售贸易	0.177	122	68	55.74
9	社会服务业	0.038	50	26	52
10	信息技术业	0.762	188	92	48.94
11	电子	0.132	119	78	65.55
12	纺织服装皮毛	0.047	74	46	62.16
13	机械设备仪表	0.244	358	178	49.72
14	金属非金属	0.188	210	101	48.10
15	石油化学塑胶塑料	0.19	236	121	51.27
16	食品饮料	0.09	89	57	64.04
17	医药生物制品	0.045	111	59	53.15
18	造纸印刷	0.123	39	16	41.03
	平均	0.162	1 982（合计）	1 064（合计）	53.68

资料来源：CSMAR 数据库系统。

表4-5 2012~2013年度各行业投资行为比例

序号	行业名称	行业平均投资水平	行业内公司数（家）	过度投资占行业比重（%）	投资不足占行业比重（%）	正常投资占行业比重（%）
1	采掘业	0.189	48	52.08	0	47.92
2	传播与文化产业	0.084	25	12	36	52
3	电力煤气及水的生产和供应业	0.311	66	9.09	27.27	65.15
4	房地产业	0.034	56	25	28.57	46.43
5	建筑业	0.079	55	20	16.36	63.64
6	交通运输仓储业	0.063	80	21.25	18.75	60
7	农林牧渔业	0.121	56	19.64	19.64	60.71
8	批发和零售贸易	0.177	122	12.3	31.97	55.74

续表

序号	行业名称	行业平均投资水平	行业内公司数（家）	过度投资占行业比重（%）	投资不足占行业比重（%）	正常投资占行业比重（%）
9	社会服务业	0.038	50	24	24	52
10	信息技术业	0.762	188	13.3	37.77	48.94
11	电子	0.132	119	18.49	15.97	65.55
12	纺织服装皮毛	0.047	74	21.62	16.22	62.16
13	机械设备仪表	0.244	358	25.70	24.58	49.72
14	金属非金属	0.188	210	30	21.9	48.10
15	石油化学塑胶塑料	0.19	236	24.58	24.15	51.27
16	食品饮料	0.09	89	15.73	20.22	64.04
17	医药生物制品	0.045	111	22.52	24.32	53.15
18	造纸印刷	0.123	39	33.33	25.64	41.03
	平均	0.162	1 982（合计）	22.25	24.07	53.68

资料来源：CSMAR 数据库系统。

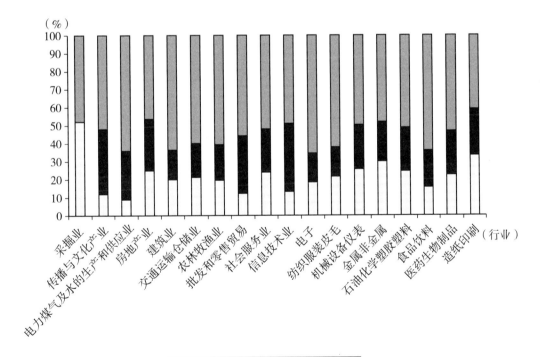

图 4-1　2012～2013 年度各行业投资行为分析

总体来看，除采掘业比较特殊外，非效率投资比例较低，我国上市公司的非效率投资整体平均达到了 46.32%，18 个样本行业中有 12 个行业的非效率投资超过了 40%，其中造纸印刷业更是超过了 60%，说明我国上市公司普遍存在着非效率投资行为，并已达到较为严重的地步。在非效率投资行为中，投资不足的企业要多于过度投资的企业。

运用同样的方法，对 2002 年以前我国 A 股上市企业在比较各企业 2002～2003 年平均 ROA 与 2004～2006 年平均 ROA 的基础上进行识别，可以得到各行业投资行为比例表和分析图，如表 4－6 和图 4－2 所示。

表 4－6　　　　　　2002～2003 年度各行业投资行为比例

序号	行业名称	行业平均投资水平	行业内公司数（家）	过度投资占行业比重（%）	投资不足占行业比重（%）	正常投资占行业比重（%）
1	采掘业	0.075	12	8.33	0.00	91.67
2	传播与文化产业	0.062	9	33.33	22.22	44.45
3	电力煤气及水的生产和供应业	0.226	47	14.89	55.32	29.79
4	房地产业	0	59	25.42	18.64	55.94
5	建筑业	0.056	16	18.75	37.50	43.75
6	交通运输仓储业	0.059	42	26.19	21.43	52.38
7	农林牧渔业	0.055	25	36.00	32.00	32.00
8	批发和零售贸易	0.035	84	21.43	27.38	51.19
9	社会服务业	0.068	34	32.35	20.59	47.06
10	信息技术业	0.016	64	29.69	39.06	31.25
11	电子	0.053	31	19.35	51.61	29.04
12	纺织服装皮毛	0.039	48	31.25	43.75	25.00
13	机械设备仪表	0.023	163	28.83	28.22	42.95
14	金属非金属	0.076	90	30.00	31.11	38.89
15	石油化学塑胶塑料	0.083	117	20.51	32.48	47.01
16	食品饮料	0.051	50	18.00	28.00	54.00

续表

序号	行业名称	行业平均投资水平	行业内公司数（家）	过度投资占行业比重（%）	投资不足占行业比重（%）	正常投资占行业比重（%）
17	医药生物制品	0.053	71	33.80	29.58	36.62
18	造纸印刷	0.088	20	25.00	35.00	40.00
	平均	0.062	982（合计）	25.17	30.77	44.05

资料来源：CSMAR 数据库系统。

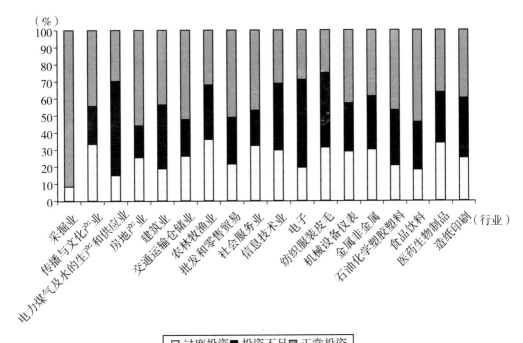

图 4-2　2002~2003 年度各行业投资行为分析

　　通过表 4-5 与表 4-6 以及图 4-1 和图 4-2 的比对可以发现，我国的上市公司无论是各行业还是整个上市公司总体在 2012~2013 年的平均投资水平相比于 2002~2003 年均有了大幅的提高；非效率投资除了采掘业和房地产业有所上升、造纸印刷业保持不变外，其他 15 个行业均有明显下降。分析其原因主要有两个：其一是由于我国资本市场的日渐成熟、上市公司的治理机制的逐步完善，使得企业的投资水平特别是投资效率有了明显提升；其二是我国市场经济发展到了 2016 年左右对我国企业特别是上市公司的经营提出了更高的要求，有着巨大的影响，产品市场的竞争演变得前所未有的激烈，这种情形让上市公司经理人对于企业的投资决策更为审慎，使投资行为更加成熟和理性，这是产品市场竞争对上市公司的非效率投资行为有效抑制的表现。

第五节　非效率投资上市公司特征研究

在基于行业差异的基础上识别非效率投资上市公司之后，本书首次提出对非效率投资上市公司的特征进行研究，以期通过比较分析的方法更好地认清上市公司的投资行为。根据简森对过度投资的定义可以看出，过度投资和企业的自由现金流有相当紧密的关系，我国学者刘星和杨亦民[①]、刘国昌[②]、王治[③]等人也认为自由现金流和过度投资有正相关性，自由现金流越大的企业越容易产生过度投资行为。结合上述学者的研究成果，本书认为企业存在过度投资行为也和企业发展的阶段和战略扩张有很大的关系，当企业处于快速扩张阶段时，经理往往会对行业发展的趋势产生激进的想法，表现在投资上则会产生过于乐观和冒进的情况，而当企业稳健发展时则较少产生过度投资的情况。对于企业战略扩张的衡量本书拟采用企业股本的扩张来反映，当企业出现增发、资本公积转增股本、配股或股票股利等股本增加的情况时说明企业处于战略扩张的阶段，此时股东对经理的投资行为往往缺乏有效的控制而更容易出现过度投资现象。因此，企业是否处于战略扩张阶段也是本书对过度投资公司特征的重点考查范畴。另外，当企业的盈利情况较好时，一方面会产生较好的自由现金流，另一方面，也会促使企业经理产生扩大再生产的动机，以进一步维持竞争优势或自身地位。而基于短期盈利状况良好基础上的投资往往存在较大的缺陷，在可行

① 刘星、杨亦民：《融资结构对企业投资行为的影响——来自沪深股市的经验证据》，载于《预测》2006 年第 3 期，第 33~37 页。
② 刘昌国：《公司治理机制、自由现金流量与上市公司过度投资行为研究》，载于《经济科学》2006 年第 4 期，第 50~58 页。
③ 王治、周宏琦：《负债、负债结构与企业投资行为——来自中国上市公司的经验证据》，载于《海南大学学报（人文社会科学版）》2007 年第 2 期，第 169~175 页。

性分析、盈利预测等方面会因短期收益的良好表现而缺乏理性的控制，导致过度投资现象的出现。

根据以上分析，对过度投资上市公司的特征研究，本书主要基于公司扩张（EXPEND）、自由现金流大小（FCF）、债务融资比例（用资产负债率 LEV 表示）、控股股东性质（用国有股比例 NATION 表示）、股权激励（用高管是否持股 MANAGE 表示）、企业盈利能力（用净资产收益率 ROE 和每股收益 EPS 表示）等几个方面来进行考查，以揭示过度投资上市公司的内在特征。分析采用独立样本 T 检验的方法，样本采用 2012 年和 2013 年的上市公司数据进行分析。分析过程中设变量 OVERIN 表示过度投资的判断结果，其值为 1 表示过度投资的上市公司，为 0 表示非过度投资的上市公司。主要分析结果如表 4 - 7 和表 4 - 8 所示。

表 4 - 7　　　　　　　　过度投资上市公司特征描述性统计

特征	OVERIN	Mean	Std. Deviation	Std. Error Mean
LEV	1	49.6955	15.60470	0.67528
	0	61.4774	37.18096	0.93717
ROE	1	8.8803	9.57599	0.42487
	0	-0.2541	40.88371	1.07144
EPS	1	0.2632	0.27542	0.01221
	0	0.0554	0.49139	0.01272
NATION	1	38.1489	25.64981	1.10998
	0	39.5878	24.54720	0.61873
FCF	1	-0.0025	0.87884	0.03803
	0	0.0555	0.73549	0.01856
EXPEND	1	0.5543	0.49751	0.02153
	0	0.2510	0.43370	0.01092
MANAGE	1	0.2790	0.44894	0.01943
	0	0.2852	0.45164	0.01137

资料来源：CSMAR 数据库系统。

表 4 - 8　　　　　　　　　　　过度投资上市公司特征 **T** 检验

特征	方差	Levene's Test for Equality of Variances		t-test for Equality of Means					
		F	Sig.	t	Sig. 2 - tailed	Mean Difference	Std. Error Difference	95% Confidence Interval of the Difference	
								Lower	Upper
LEV	Eva	18.117	0.000	- 2.669	0.008	- 4.42090	1.65656	- 7.66956	- 1.17224
	Evna			- 3.827	0.000	- 4.42090	1.15512	- 6.68624	- 2.15556
ROE	Eva	15.611	0.000	4.987	0.000	9.13440	1.83148	5.54255	12.72625
	Evna			7.925	0.000	9.13440	1.15261	6.87383	11.39497
EPS	Eva	11.168	0.001	9.065	0.000	0.20778	0.02292	0.16283	0.25273
	Evna			11.784	0.000	0.20778	0.01763	0.17319	0.24236
NATION	Eva	8.127	0.004	- 1.157	0.247	- 1.43890	1.24352	- 3.87757	0.99976
	Evna			- 1.132	0.258	- 1.43890	1.27078	- 3.93298	1.05518
FCF	Eva	21.358	0.000	- 1.497	0.135	- 0.05805	0.03879	- 0.13412	0.01801
	Evna			- 1.372	0.170	- 0.05805	0.04232	- 0.14112	0.02501
EXPEND	Eva	156.386	0.000	13.445	0.000	0.30336	0.02256	0.25911	0.34760
	Evna			12.567	0.000	0.30336	0.02414	0.25597	0.35074
MANAGE	Eva	0.300	0.584	- 0.272	0.786	- 0.00614	0.02258	- 0.05042	0.03813
	Evna			- 0.273	0.785	- 0.00614	0.02251	- 0.05032	0.03803

注：Eva 指的是方差齐次；Evna 指的是方差非齐次。
资料来源：CSMAR 数据库系统。

从表 4 - 7 和表 4 - 8 中可以看出过度投资上市公司和其他上市公司相比在以下几个方面具有显著差异：

（1）从负债比例来看，过度投资上市公司的资产负债率均值为 49.70%，小于其他上市公司的均值 61.48%，并且是显著的。这和简森的债务相机治理理论是相吻合的，说明负债比例的提高对过度投资行为有一定的抑制作用。这一结论也和刘星和杨亦民、王治和周宏琦等学者通过回归检验的方法得到的结论一致。

（2）从企业的盈利情况来看，过度投资的上市公司在发生过度投资的年度里往往具有较高的收益，不论是从相对数 ROE 还是从绝对数 EPS 来看都是一样的结论，而且在 T 检验中是显著的。说明较好的当期盈利有可能带来经理过度投资的冲动，和我们上文分析是一致的。

（3）以企业股本的增加来表示的企业战略扩张在检验中是显著的，过度投资的上市公司更多的情况下伴随着战略扩张，而表现出的非效率性则说明在企业快速发展过程中资金使用效率的提高是至关重要的。

此外，在分析中我们还发现关于控股股东性质和股权激励的特征在分析中并不显著，说明我国上市公司目前在投资过程中股权性质的差异并未显现出来，起主导作用的还在于企业的实际控制人。反映股权激励的高管持股情况并没有起到如理论研究中所表现的降低代理成本、提高资金使用效率的作用，说明上市公司的股权激励政策还需要进一步完善。自由现金流在多数的研究文献中都是和过度投资有着正相关关系的，如何金耿[1]、刘星和杨亦民[2]、李鑫[3]等都有类似的研究结果；简森的自由现金流理论也表明自由现金流促进了过度投资，但通过我们的检验发现自由现金流过度投资上市公司和其他上市公司之间并没有显著差异，并且过度投资上市公司的自由现金流均值还表现为负值。说明我国过度投资上市公司的现金约束并不是影响投资决策的主要因素。另外，结合盈利与过度投资的关系可以看出过度投资上市公司可能存在一定盈余管理的情况。

第六节 研 究 小 结

本书通过过度投资的理论分析，着眼于过度投资实际发生时的行业因素、投资后的效益情况以及一般投资过程的期限等方面考虑，在分析原有文献的基础上，通过综合考虑行业投资规模和投资收益情况，确定了 2012～2013 年存在非效率投资现象的上市公司，并发现在多数行业中都有 22% 左右的上市公司存在过度投资行为，另外投资不足的上市公司也占到了分析样本总数的 24%，说

---

① 何金耿：《上市公司投资决策的价值依据——来自上市公司的直接证据》，载于《南京社会科学》2002 年第 7 期，第 32～36 页。
② 刘星、杨亦民：《融资结构对企业投资行为的影响——来自沪深股市的经验证据》，载于《预测》2006 年第 3 期，第 33～37 页。
③ 李鑫：《我国上市公司过度投资行为、程度和形成机理》，载于《山西财经大学学报》2007 年第 6 期，第 107～111 页。

明我国上市公司普遍存在着非效率投资行为，并已达到较为严重的地步。在非效率投资行为中，投资不足的企业要多于过度投资的企业。

进一步通过这些上市公司的特征分析发现，过度投资上市公司在负债融资比例、过度投资年度的收益以及战略扩张等方面和其他上市公司存在显著的差异。其中负债融资显著小于其他公司，这一点符合债务相机治理的机制；投资当期的盈利显著高于其他企业但未带来持续性的盈利说明投资项目的质量不高，缺乏有效的投资控制；而战略扩张的显著性则说明扩张过程中的投资冲动往往带来较低的资金使用效率。在自由现金流、控股股东性质以及股权激励等方面，过度投资上市公司和其他上市公司没有显著差异。

通过这种方法进行非效率投资行为的诊断，可以准确地体现简森对过度投资的定义以及梅耶斯对投资不足的解释，可以为代理成本理论的深入研究提供准确的样本数据。与其他非效率投资识别方法比较可以更准确地反映不同行业内存在的非效率投资情况，并识别出正常投资的企业，这是其他识别方法所无法实现的。企业投资行为的识别，可以为进一步进行经理人薪酬以及产品市场竞争等内外部因素对投资行为影响分析提供良好的数据支持。

由于本书在识别非效率投资上市公司过程中考虑的因素较多，造成识别非效率投资需要较长的期限，但也提高了识别的准确性，为进一步分析研究非效率投资的成因和治理奠定了良好的数据基础。同时进行的非效率投资上市公司的特征分析有利于投资者及时发现上市公司可能存在的侵害投资者利益的行为，以便加强对上市公司的监督和投资项目的审查。

第五章
经理人薪酬激励与投资效率

正如前文的分析，企业的所有权决定了其资源配置的效率，非效率投资的发生代表着资源配置的低效率，也代表企业公司治理的低效率。在公司治理低效率的情况下，若经理人薪酬结构不合理，企业内部控制人必将谋求自身利益，从而损害投资者的利益。为了保护所有者的利益，股权代理成本之一的经理人薪酬激励制度的重要性就凸显了。本章拟就经理人薪酬和投资效率的相互影响进行实证分析，以为上文的理论分析提供经验证据，从而为我国资本市场上资源配置、公司治理效率的提高提供重要依据。

第一节　问题提出

简森和麦考林（1976）最早利用代理理论来对企业资本结构问题做出解释。他们将代理成本定义为"代理成本包括为设计、监督和约束利益冲突的代理人之间的一组契约所必须付出的成本，加上执行契约时成本超过利益所造成的剩余损失"[①]。

企业为什么存在代理成本？简森和麦考林认为现代企业里"所有权"与"控制权"的分离是产生代理问题的根本原因。他们将代理问题最终归结到契约上。如果把企业看作是作为联结一组个人之间契约关系的一种法律构造，代理关系就是其中一种非常重要的契约关系。在代理关系中，无论是委托人还是代理人，他们的目标都是为了达到各自的效用最大化。如果两者的效用函数不一样，那就很难保证代理人的每一个行为完全是从委托人的最优利益出发，代理问题因而产生。尽管委托人可以对代理人进行监督和约束，但监督和约束本身是存在成本的，从而导致委托人的福利损失。

从代理成本的视角出发，企业内部的许多关系都可以被纳入代理关系的范畴。企业管理者和外部股东之间就是一种典型的代理关系。罗斯（Ross，2000）

---

① Jensen，M. C. and W. Meckling. Theory of the Firm：Managerial Behavior，Agency Costs and Ownership Structure. *Journal of Financial Economics*，1976（3）：305 – 360.

直截了当地指出："本质上看，企业的管理者就是股东的一种代理人。"① 在现代企业里，管理者作为外部股东的代理人，由于仅仅持有部分股份或不持有股份，其目标函数和外部股东之间肯定会产生偏差。为了缓和股东和管理者之间的冲突，减少股权代理成本的发生，必须通过设计薪酬制度，激励企业内部控制者在追求自身利益的同时，使所有者利益最大化。

由于信息不对称，为了降低代理成本，一定程度上缓解委托代理问题，委托人会制定相应的薪酬契约。当代理人的行为不可观察时，委托人往往会按照代理人的经营绩效来决定其报酬，以激励经理人选择对企业所有者最有利的行动。对经理人起激励作用的薪酬契约有利于解决两权分离产生的问题。② 有效的薪酬制度，必须能够对经理人产生强有力的激励作用，以激励企业的内部控制人将其个人利益与企业价值的增加目标统一起来，从而做出有效率的投资，促进企业的经营，增加企业的价值。

第二节 文 献 回 顾

一、国外的研究

（一）经理人薪酬与企业绩效

国外较早对经理人薪酬问题进行的研究基本上都是从经理人薪酬与企业业绩的角度着手的，时至今日，经理人的薪酬同企业业绩之间的关系仍旧是学者们研究的重点。有关经理人薪酬与企业业绩的关系，众多学者一直存在着不同的观点。

---

① ［美］斯蒂芬·A. 罗斯等：《公司理财》，吴世农等译，机械工业出版社 2000 年版。
② Geoffrey S. Rehnert. *The Executive Compensation Contract Incentivies to Reduce Agency Costs.* 37Stan. L. Rev.，1985，1147；1157－1159.

一部分国外学者认为经理人的显性薪酬与公司业绩都不相关或者部分不相关，其典型研究及结论如下：

简森和墨菲（Murphy）[1] 运用上市公司数据对包含股票期权在内的经理人薪酬与绩效的关系进行了检验，其中，经理人薪酬既包括货币工资，也包括公司期权和所持企业的股份。研究结果发现，相对于其他薪酬形式来说，股票激励与企业绩效的关系最密切，但总体来说，经理人薪酬激励与企业的业绩是相互独立的。

伦纳德（Leonard）[2]、叶麦科（Yermack）[3] 和赫尔伯格、胡柏德及中日尼亚（Hielberg，Hubbard and Palia）[4] 分别研究了薪酬的政策及其结构对企业业绩的影响。他们认为，实施长期激励计划的企业其股本回报率提升明显。但现金薪酬激励与企业销售额、业绩的变动都不相关。国内初期研究的研究结果普遍显示经理人薪酬与企业绩效之间不存在相关关系，如魏刚（2000）、李增泉（2000）、周业安（2000）、于东智和谷立日（2001）等发现经理人员的年度收入与企业绩效不存在显著相关关系，企业货币激励达不到应有的效果。

也有大量学者认为高管显性激励体现了激励的效果，对公司价值起到了促进作用。马森（Masson）[5]、墨菲[6]、科赫兰（Coughlan，1985）、莫克（Morck）[7]、阿波德（Abowd）[8] 各自从理论上和经济上分别对这个命题加以证明，后两者更是利用上市公司的相关数据进行了理论论证和经验研究，发现管理层激励主要与公司的经验业绩有显著或较显著的相关关系。

---

[1] Jensen M. , Murphy K. J. . Performances Pay and Top Management Incentives. *Journal of Political Economy*，1990（12）：225 – 264.

[2] J. S. Leonard. *Executive Pay and Firm Performance* in Do Compensation Policies Matter Ed. R. G. Ehrenberg. Ithaca，N. Y. ：LLR Press，1990.

[3] David Yermack. *Do Corporations Award CEO Stock Options Effectively*? Working Paper，1994.

[4] Charles P. Hinsmelberg，R. Glenn Hubbard，Darius Palia. Understanding the Determinants of Managerial Ownership and the Link between Ownership and Performance. *Journal of Financial Economics*，1999（53）：353 – 384.

[5] R. Masson. Executive Motivations，Earnings and Consequent Equity Performance. *Journal of Political Economy*，1971（79）：1278 – 1279.

[6] K. J. Murphy. Corporate Performance and Managerial Remuneration：An Empirical Analysis. *Journal of Accounting，and Economics*，1985（7）：11 – 42.

[7] R. Morck. Management Ownership and Market Valuation：An Empirical Analysis. *Journal of Financial Economics*，1988（20）：293 – 315.

[8] J. M. Abowd. Does Performance – based Managerial Compensation Affect Corporate Erformance. *Industrial and Labor Relations Review*，1990（43）：52 – 73.

迈赫兰（Mehran）[1]、卡拉瑞拉和盖斯培炎（Canarella and Gasparyan）[2] 则在不同的时点上选用不同的数据进行了经验研究，研究结果支持经理人薪酬激励对企业的投资效率有促进的观点，并指出企业价值与经理人的持股比例、经理人持股占总薪酬的比重都显著正相关。

（二）经理人薪酬与企业投资行为

学者们通过研究发现经理人薪酬的有效性会影响企业的绩效，那么作为能够引起企业绩效变化的重要变量之一的投资行为，经理人薪酬激励制度对之又有怎样的影响？本章拟将经理人薪酬制度与企业投资效率两者之间的关系作为重点研究对象，并对两者之间的关系文献加以梳理。

经理人薪酬敏感度与企业的投资机会正相关。巴伯、嘉纳基拉曼和康（Baber, Janakiraman and Kang）[3] 采用 1992～1993 年的美国上市公司数据对企业投资决策受经理人薪酬的影响进行了研究，他们用经理人薪酬与企业公司业绩敏感度来测量经理人薪酬激励的效果，研究结果显示经理人薪酬敏感度与企业的投资机会正相关。

哈德洛克（Hadlock）[4] 则发现，经理人的股权激励会使企业现金流与投资之间的敏感度加强，即股权激励越多，经理人的投资行为越依赖于企业的现金流而非项目给企业带来的收益。这说明经理人股权激励制度并没有实现激励效果，没有达到减少企业代理问题的目的，反而使得经理人的过度投资行为更加严重。

阿加沃尔和萨姆维克（Aggarwal and Samwick）[5] 基于投资者和经理人的委托代理冲突构建了经理人激励与企业投资的关系模型。他们用股票期权计划和所持股份来计算经理人薪酬，以薪酬变化敏感度来度量经理人薪酬激励进行实证研究，其结果与经理人面临新的投资项目机会时存在私人成本的理论

[1]　H. Mehran. Executive Compensation Structure, Ownership, and Firm Performance. *Journal of Financial Economics*, 1995 (38): 163 - 184.

[2]　Giorgio Canarella, Arman Gasparyan. New Insights into Executive Compensation and Firm Performance: Evidence from a panel of "New Economy" Firms. *Managerial Finance*, 2008 (34): 537 - 554.

[3]　William R. Baber, Surya N. Janakiraman, Sok - Hyon Kang. Investment Opportunities and the Structure of Executive Compensation. *Journal of Accounting and Economics*, 1996 (21): 297 - 318.

[4]　C. Hadlock. Ownership, Liquidity, and Investment. *RAND Journal of Economics*, 1998 (29).

[5]　Rajesh K. Aggarwal, Andrew A. Samwick. *Empire - Builders and Shirkers: Investment, Firm Performance, and Managerial Incentives*. Working Paper Series, 2002: 1 - 38.

相一致，而非与经理人出于私人收益会引发过度投资行为的理论相吻合。与之类似，亨尼西和利维（Hennessy and Levy）[1] 的研究发现，如果经理人能够从公司的新投资项目中斩获私利，即使投资项目 NPV 小于零会损害投资者及企业价值并危害到企业发展，经理人也会接受这些项目，由此产生过度投资行为。

张（Zhang）[2] 研究的是企业投资对现金流的敏感度与经理人激励的关系，其结论是经理人持股比例与企业投资现金流敏度性没有显著关系，但是股票期权激励制度能减弱企业投资对现金流的敏感度。

格朗迪和李（Grundy and Li）[3] 研究了投资者的乐观情绪对公司投资水平的影响，其研究结论是经理人做出投资决策时不仅要考虑投资者的情绪，也要考虑他们在企业里的利益。经理人现金薪酬与企业的投资水平无关，而持股多少与企业投资水平显著正相关。

二、国内的研究

（一）经理人薪酬与企业绩效

国内学者从 20 世纪末期开始也兴起了经理人薪酬与企业绩效的关系研究。初期研究的研究结果普遍显示经理人薪酬与企业绩效之间不存在相关关系。如魏刚[4]、李增泉[5]、周业安[6]、于东智和谷立日[7]等分别运用经济学理论和我国股

---

[1] C. A. Hennessy, A. Levy. A *Unified Model of Investment Distortions*: *theory and evidence*. Haas School of Business Working Paper，2003.

[2] Yilei Zhang. *Do Capital Structure and Managerial Incentives Act as Substitutes in Controlling the Free Cash Flow Agency Problem*. University of Iowa Working paper，2005.

[3] Bruce D. Grundy，Hui Li. Investor Sentiment，Executive Compensation，and Corporate Investment. *Journal of Banking & Finance*，2010（34）：2439 – 2449.

[4] 魏刚：《高级管理层激励与上市公司经营绩效》，载于《经济研究》2000 年第 3 期，第 32 ~ 39 页。

[5] 李增泉：《激励机制与企业绩效以项基于上市公司的实证研究》，载于《会计研究》2000 年第 1 期，第 25 ~ 30 页。

[6] 周业安：《经理报酬与企业绩效关系的经济学分析》，载于《中国工业经济》2000 年第 5 期，第 60 ~ 65 页。

[7] 于东智、谷立日：《上市公司管理层持股的激励效用及影响因素》，载于《经济理论与经济管理》2001 年第 9 期，第 24 ~ 30 页。

票市场的样本数据对经理人薪酬和企业绩效两者之间的关系进行了研究，均发现经理人的年度收入与企业绩效不存在显著相关关系，企业货币激励达不到应有的效果。

随着我国证券市场的规范、社会经济的发展和研究方法的完善，对经理人薪酬和企业绩效关系的研究日益深入，研究也得出了不一样的结论。张晖明和陈志广[①]、张俊瑞和赵进文[②]、谌新民和刘善敏[③]采用我国上市公司的样本数据进行研究，发现高管的年度报酬与企业净资产收益率和主营业务利润率等绩效显著正相关，与每股收益之间呈现较显著的正相关关系。

杜兴强和王丽华[④]、郭昱和顾海英[⑤]则对以上研究模型加以修正，考虑了行业因素等的影响对我国上市公司进行研究。徐欣（2013）、张燕红（2016）、李烨和严由亮（2017）、刘追和刘孟（2017）分别用我国不同市场的不同类别上市公司的数据进行了验证，研究结果显示经理人合理的薪酬激励对企业绩效促进作用显著，能够通过改善企业经营水平和绩效，提升企业成长能力。经理人薪酬与息税前利润显著正相关，经理人持股比例与股票市场反应显著负相关。

（二）经理人薪酬与企业投资行为

与大多数情况一样，国内学者对经理人薪酬激励与过度投资和投资不足的关系研究起步比国外学者要晚一些，所出现的有影响力的研究结论也是近年来比较多。而这样的研究，也多是通过借鉴国外学者的经典研究文献以及研究方法展开理论分析、构建实证模型来进行的。

周杰[⑥]借鉴的是沃吉特（Vogt）的研究方法和模型，用计量经济方法构建模

---

① 张晖明、陈志广：《高级管理人员激励与企业绩效——以沪市上市公司为样本的实证研究》，载于《世界经济文汇》2002 年第 4 期，第 29 ~ 37 页。

② 张俊瑞、赵进文、张建：《高级管理层激励与上市公司经营绩效相关性的实证分析》，载于《会计研究》2003 年第 9 期，第 29 ~ 34 页。

③ 谌新民、刘善敏：《上市公司经营者报酬结构性差异的实证研究》，载于《经济研究》2003 年第 8 期，第 55 ~ 63 页。

④ 杜兴强、王丽华：《高层管理当局薪酬与上市公司业绩的相关性实证研究》，载于《会计研究》2007 年第 1 期，第 58 ~ 65 页。

⑤ 郭昱、顾海英：《高管薪酬结构对经营绩效的影响》，载于《华东经济管理》2008 年第 4 期，第 100 ~ 103 页。

⑥ 周杰：《管理层股权结构对我国上市公司投资行为的影响》，载于《天津商学院学报》2005 年第 5 期，第 36 ~ 40 页。

型来研究上市公司管理层股权结构对公司投资的影响。结果发现我国上市公司存在管理层机会主义行为，而董事持股与高管人员持股能够抑制企业投资的机会主义行为。

唐雪松、周晓苏和马如静（2007）对 Vogt 模型进行了改进，并用我国制造业企业 2000～2002 年的数据来检验我国上市公司是否存在过度投资及投资不足等非效率投资行为，他们得出如下的研究结论：我国上市企业中存在过度投资现象，实行债务融资或者发放现金股利可以有效制约经理人的过度投资行为，并且进一步分析企业的公司治理机制发现，经理人持股能在一定程度上制约过度投资，但是独立董事制度没有发挥效果。

辛清泉、林斌和王彦超[①]参考理查德森（Richardson）在 2006 年的研究思路，采用我国上市公司 2000～2004 年的数据检验了经理人货币薪酬对企业资本投资决策的影响。他们的研究结果发现经理人货币薪酬与企业过度投资呈负相关关系，但是与企业的投资不足之间不存在显著的相关关系。进一步分析原因，他们认为这是由于当时经理人的薪酬契约不够完善，补偿不了经理层的才能和努力，没有达到激励的效果，反而更容易引发经理人的过度投资行为。特别是在地方政府控制的企业中，过度投资现象更为严重。

蔡吉甫[②]利用我国上市公司 2004～2006 年的数据从对企业过度投资的动因进行分析和实证检验，其结论是有较多自由现金流量的企业其经理人货币报酬与企业过度投资显著正相关，认为这类企业的经理人为了提高个人报酬而进行过度投资，且其中的主要动机是经理人的货币薪酬。

张功富和宋献中[③]构建了一个有别于沃吉特和理查德森的非效率投资度量模型，并用我国上市公司工业类企业连续六年的数据对该模型进行检验。结果指出，投资过度和投资不足等非效率投资行为普遍存在于固定资产投资过程中，从百分比来看，投资不足的企业所占比例（60.74%）比过度投资的企业（39.26%）要多很多，我国上市公司的非效率投资以投资不足为主。

---

① 唐雪松、周晓苏、马如静：《上市公司过度投资行为及其制约机制的实证研究》，载于《会计研究》2007 年第 7 期，第 44～51 页。
② 蔡吉甫：《上市公司过度投资动因研究——基于经理报酬视角的分析》，载于《河北经贸大学学报》2009 年第 5 期，第 62～67 页。
③ 张功富、宋献中：《我国上市公司投资：过度还是不足？——基于沪深工业类上市公司非效率投资的实证度量》，载于《会计研究》2009 年第 5 期，第 71～77 页。

简建辉、余忠福和何平林[1]从货币薪酬、薪酬敏感度和股权激励水平等多个角度计量经理人薪酬激励，应用我国上市公司2001~2009年的样本数据检验了企业过度投资和经理人薪酬激励之间的关系。实证结果发现，上市公司经理人货币激励水平与企业的过度投资呈正相关关系，而股权激励水平和薪酬敏感度则与企业的过度投资关系不显著。笔者认为这是由于当前我国还没有完善的经理人薪酬激励制度，经理人货币薪酬的增加加重了企业过度投资，而股权激励则没有起到应有的激励效果。

吕长江、张海平（2011）的实证研究发现，股权激励机制对于抑制上市公司经理人的非效率投资行为有积极作用。相比于从未运用股权进行激励的公司而言，那些推出了股权激励方案的企业对投资过度行为有明显的抑制，同时也缓解了投资不足的问题。

也有研究表明，股权激励会促使管理者愿意承担更多风险，应采取风险性投资行为以提升企业未来价值。卢闯、孙健等（2015）发现，公司在股权激励实施后投资显著增长，股权激励有助于提高管理层的风险承担水平。肖淑芳、石琦等（2016）发现股票期权的强凸性决定其更有利于经理人承担风险。李丹蒙、万华林（2017）证明了股权激励有效实施，可以引导企业家精神向生产性活动配置。但徐寿福（2017）的研究表明，股权激励计划的实施强化了管理层的迎合动机。

还有一些学者认为，股权激励对企业过度投资行为带来显著影响。汪健、卢煜和朱兆珍（2013）发现，相对于未实行股权激励计划的企业而言，实行股权激励计划的中小板上市制造业公司更易出现过度投资行为，且其过度投资的比例与企业的自由现金流正相关。徐倩（2014）研究表明：当公司所面临的环境具有不确定性时，会导致企业过度投资或投资不足，从而降低投资效率。股权激励措施的实施一方面减少了环境不确定性带来的代理矛盾，抑制过度投资；另一方面，也有助于降低经理人的风险厌恶程度，从而缓解投资不足。杨继伟、冯英（2016）认为，在产品市场竞争程度很高的环境下，对经理人实施薪酬激励能更多地提高企业的投资效率；而在低的产品市场竞争程度下，经理人在职消费则能对投资效率进行有效提升，对经理人实施股票期权的激励制度可提升

---

① 简建辉、余忠福、何平林：《经理人激励与公司过度投资——来自中国A股的经验证据》，载于《经济管理》2011年第4期，第87~95页。

投资效率。宋玉臣、乔木子和李连伟（2017）的研究结果表明，对经理人实施股权激励计划可以让上市公司的投资效率从整体上得到提高。安磊、沈悦和余若涵（2018）发现，货币薪酬激励对企业金融资产配置具有显著的促进作用，股权激励则表现为明显的抑制效应；货币薪酬激励会放大高管的金融逐利动机，而股权激励则能遏制其金融逐利行为。张瑞君、李小荣和许年行（2013）提出货币薪酬激励的增加能提升高管承担风险的水平，风险承担在高管薪酬激励与企业绩效之间发挥中介作用。

从以上文献回顾我们可以看出，对于企业业绩与经理人薪酬两者间的关系，国内外的学者们已经进行了长期且深入的研究。除了研究这两者之间的关系外，同时也有些学者运用不同时期、不同行业、不同口径的数据从不同的角度对上市公司经理人薪酬制度与企业业绩的关系进行实证研究，但得出的结论迥乎不同。早期的研究结论大多是经理人薪酬制度与企业业绩不相关或者两者虽相关但相关性不强；近期的研究则多数结论是二者显著相关。究其原因，这可能与上市公司的股东逐步认识到合理的经理人激励制度的建立有助于满足经理人的心理需求和利益要求，并对其经营和投资行为有适度的监督作用有关。随着时间的推移，越来越多的上市公司将经理人薪酬制度作为公司内部治理的重要内容与企业业绩结合起来，并力图设计出更适合现代企业公司治理结构的经理人薪酬激励制度，使得企业的所有者和经营者的利益能够同时得到提高，达到双赢的目的。

从另一角度来看，国内外学者对于经理人薪酬与企业投资的反向关系研究很少，国外有少量的文献检验了企业投资策略对经理人薪酬的影响（Ryan and Wiggins，2002；Kang et al.，2006），他们认为经理人的投资决策与未来时期的经理人薪酬有着显著的相关关系。

国内学者中对反向关系的研究更少。近期主要有詹雷和王瑶瑶[①]研究了过度投资是否增加管理层未来的货币薪酬以及管理层激励在此过程中发挥的作用，发现过度投资与管理层未来货币薪酬正相关，在管理层货币薪酬水平较低和管理层持股水平较低的公司中，过度投资对企业价值的损害作用更显著。

---

① 詹雷、王瑶瑶：《管理层激励、过度投资与企业价值》，载于《南开管理评论》2013 年第 3 期，第 36 ~ 46 页。

第三节　假设提出与模型设定

一、假设的提出

现有研究表明，非效率投资会对上市公司产生负面影响，并导致一系列不利经济后果的发生，作为影响企业盈利最主要的经营行为之一，其的发生反映了公司治理机制的缺陷和治理效率的低下。

一方面，经理人的薪酬制度是公司治理的重要组成部分；另一方面，经理人是企业经营的决策者和执行人，对企业的投资行为有重大影响。身为企业实际控制者的经理人在其薪酬制度没有充分优化的情况下，出于本来的利己主义以及成就感等目的，他们可能会做出有利于自身利益而损害投资者利益的投资决策。进而随着公司治理机制的完善，为了减少代理问题人们对经理人的薪酬制度也不断地进行优化。随着经理人薪酬的提升和地位的稳固，出于长久的利益和自身的成就感，经理人会更多地从投资者的利益出发，采用更能充分利用企业资源的投资行为。因此，我们做出如下假设：

H1：经理人现金薪酬与企业过度投资负相关，即经理人现金薪酬越高，企业越不容易出现过度投资现象；

H2：经理人现金薪酬与企业投资不足负相关，即经理人现金薪酬越高，经理人越不容易对企业做出投资不足决策；

H3：经理人股权薪酬与企业过度投资负相关，即经理人股权薪酬越高，越少对企业做出过度投资决策；

H4：经理人股权薪酬与企业投资不足负相关，即经理人股权薪酬越低，企业越容易出现投资不足现象。

二、模型设定和变量说明

（一）模型的设定

本章在 FHP 模型的基础上，考虑到需要检验的若干假设，并考虑到过度投资企业的自由现金流通常比较充裕，一般不受融资的约束而更多受到企业规模的影响；而投资不足的企业则通常受融资约束比较多，它们往往处于企业自由现金流不充裕的态势，所以本书具体设计模型如式（5.1）和式（5.2）所示：

$$OVERINV_i = \alpha_0 + \alpha_1 SALY_i + \alpha_2 MSR_i + \alpha_3 SALY_i \times MSR_i$$
$$+ \alpha_4 ROA_i + \alpha_5 LEV_i + \alpha_6 SIZE_i + \varepsilon \qquad (5.1)$$

$$UNDERINV_i = \alpha_0 + \alpha_1 SALY_i + \alpha_2 MSR_i + \alpha_3 SALY_i \times MSR_i$$
$$+ \alpha_4 ROA_i + \alpha_5 FCF_i + \alpha_6 LEV_i + \varepsilon \qquad (5.2)$$

模型中，OVERINV 和 UNDERINV 分别表示过度投资和投资不足；SALY 表示经理人现金薪酬，MSR 表示经理人股权薪酬，SALY × MSR 是现金薪酬和股权薪酬的交乘项；ROA、FCF 和 LEV 分别表示公司业绩、企业自由现金流和企业负债率。

（二）变量说明

1. 被解释变量

延续前文所述的对非效率投资行为的识别，本章选取因变量 INV 来反映企业的投资行为，其计算公式为：

$$INV_i = \frac{(I_{2008,i} + I_{2009,i})}{2} - INDINV_j \qquad (5.3)$$

式中 i 表示某一上市公司，j 表示该上市公司对应的行业，$INDINV_j$ 表示 2008 年和 2009 年行业的平均投资额。其中 I 的计算公式、注意事项及作用参见式（4.1）以及相关文字内容。

2. 解释变量

本章研究的是经理人薪酬与企业投资行为之间的关系，其中经理人薪酬包含现金薪酬和股权薪酬。

从现有的国内外文献以及数据获得角度来看，经理人的现金薪酬主要有三种度量方法：一是采用前三位高管报酬总额代表经理人薪酬；二是用前三位高管报酬总额的自然对数来度量经理人现金薪酬；三是用前三位高管薪酬年薪的平均数来度量经理人薪酬。本书采用的是多数学者，如辛清泉（2007）、蔡吉甫（2009）等学者的研究以及案例所用的第二种方法，即取前三位报酬最高的高管人员报酬总额的自然对数来度量经理人现金薪酬激励。

我国的股票期权激励计划以 2006 年颁发的《国有控股上市公司（境内）实施股权激励试行办法》为标志开始正式实施，但一直以来实施的上市公司都很少，例如，2011 年我国全部上市公司中宣布实施股票期权激励计划公司的比例不到 5%，仅为 114 家，到期真正行权的数量就更少了。因此，在经理人股权激励方面，国内外大部分学者都采用的方法是将所有高级管理人员持股总数除以企业流通在外总股数即以经理人持股比例来衡量经理人股权激励，是经理人当期所拥有的公司剩余索取权的体现，能反映出经理人私人利益与企业目标趋同的程度，较好地反映了管理层的股权激励效果。笔者亦认为这种方法比较合理，因此将经理人持股占总股数的比例作为股权激励的代理变量。

本书中还建立了经理人现金薪酬和股权薪酬的交乘项来作为解释变量，考量两者之间的共同激励效益。

3. 控制变量

本章参考国内外学者对企业投资行为的研究成果以及所涉及的控制变量，选择公司业绩（ROA）、企业自由现金流（FCF）、企业负债率（LEV）和企业规模（SIZE）作为本章模型的控制变量（control variable）。[①]

在公司业绩的选择上，本书选择总资产收益率 ROA 作为衡量指标，其计算公式为：净利润÷总资产的平均值。由于投资效果通常由具体的会计收益指标表现出来，其中，ROA 既是企业总体收益的直接表征，又往往对经理人的薪酬激励制度有着重大影响，因此，本书将 ROA 作为公司业绩指标来作为模型的控制变量之一对模型加以检验。

---

① 由于本书在计算被解释变量 INV 的时候考虑投资规模的目的是使得不同规模的企业的投资具有可比性，但过度投资的发生常与企业的投资规模有关，所以在建立过度投资模型的时候加入了企业规模为控制变量；而投资不足行为则更多地受企业拥有的自由现金流所限，建立投资不足模型的时候加入企业自由现金流作为控制变量。另外，计算 INV 时已减去了行业平均投资指标 I，因此模型的控制变量中不需要重复考虑行业差异。

企业自由现金流（FCF）与企业投资行为的关系一直为国内外学者所关注，可以反映出企业投资的资金约束状况，理查德森（2006）对美国上市公司的自由现金流与企业过度投资行为的关系进行了实证检验，发现自由现金流充裕的企业是过度投资现象的主要集中地。国内学者章晓霞和吴冲锋（2005）通过研究发现对于我国大部分的企业来说，对企业投资影响最大的是大部分公司都面临着严重的融资约束，并做出了企业对自由现金流存在严重滥用现象的推断；唐雪松和周晓苏等（2007）发现企业投资与自由现金流之间存在显著相关关系，并认为是由经理的机会主义所导致的。以上研究并没有将过度投资、投资不足以及正常投资下自由现金流的作用加以系统研究，本书在这些研究的基础上将自由现金流作为控制变量之一来考查对不同投资行为所产生的影响，并且为了使不同规模的企业之间具有可比性，笔者选取每股自由现金流来作为模型的控制变量。

而对于企业债务对投资行为的影响，国内外学者则多使用整个企业的资产负债率（LEV）来表示其整体影响，本书认为其可靠性和合理性兼具，在控制变量的选择中对之加以了选择。

对于企业规模对其投资行为的影响，中外文献的通用做法是选用企业的总资产为其规模指标（SIZE），本书中为了与其他变量相匹配，选取企业总资产的自然对数作为企业规模控制变量。

考虑到因变量（INV）是通过比较单个上市公司 2012 年和 2013 年的投资增量与本行业考虑投资规模的投资增量平均值得到的，在对上述解释变量以及控制变量进行取值时，也依据了相同的时间划分。

第四节　样本选择与描述统计

一、样本的选择

本书选取 2012～2018 年沪深两市的 A 股上市公司为样本，为了得到所需的最终样本，需要按照前述对非效率投资行为的识别方法对 2012 年前的上市公司进行进一步分析，其样本数据建立在第四章中对样本分类的基础之上。由于识别非效率投资行为过程需要运用企业投资以后若干年的绩效数据加以检验，所以样本公司的年度选择本章选取的是 2012 年和 2013 年。不同类型投资行为的样本数及其比例等最终结果如表 4 – 1、表 4 – 2 和表 4 – 3 所示。

本书所采用的财务数据与公司治理数据均来自国泰安（CSMAR）数据库，并选取我国 A 股市场 2008 年以前上市的公司作为研究对象，由于金融类公司的异质性，研究样本不包含金融类上市公司，由此获得 2 226 个观测值。为进行后续研究，我们对样本做出了以下的处理：（1）木材家具行业由于行业内企业数太少而剔除了该行业的样本；（2）剔除了固定资产资料缺失的样本；（3）剔除了现金流量缺失的样本。经过处理，最后获得 1 982 个观测值作为研究样本，其中发生过度投资的观测值为 441 个，占样本总数的 22.25%；发生投资不足的观测值为 477 个，占样本总数的 24.07%。样本整理过程见表 5 – 1。

本书使用 Excel2010 和 Stata12 等统计软件进行数据处理及统计分析。

表 5 –1   **样本选择过程**

总样本	2 226
减：木材家具行业观测值	11
固定资产缺失的观测值	40
自由现金流缺失的观测值	93
入选样本	1 982
其中：发生过度投资样本	441
发生投资不足样本	477
正常投资样本	1 064

二、描述性统计

从表 5 – 2 可以看出，在运用相对资产指标以排除投资规模的干扰以及消除行业影响后，反映企业投资情况的因变量 INV 在总样本中的均值为 0.6112，在过度投资、投资不足和正常投资样本中则分别为 3.1400、– 0.1998 和 – 0.0689，从中我们可以看出，就企业投资规模而言，过度投资样本大大高于其他样本，而投资不足样本则远远小于其他样本。产生这样的结果固然有样本划分方法的原因，但仍然反映了过度投资类型的企业和投资不足类型的企业在投资规模上的自然表现。两个因变量中经理人现金薪酬（SALY）在过度投资样本与正常投资样本、投资不足样本以及三者形成的总样本中差别不大，均在 13.54～13.83。进一步的分析可以看出 SALY 指标的标准差也比较小，说明我国上市公司的经理人现金薪酬没有本质性差异；而经理人股权激励指标（MSR）的差异则比较大。相当多的上市公司的经理人都没有持有自己公司股份，导致该指标无论在哪种分类样本的标准差都很大，其中过度投资样本的均值比其他样本均值（投资不足为 0.4979，正常投资为 0.4670）要高出许多，达到了 1.5829，说明与投资不足及正常投资的企业相比，过度投资的企业经理人持有本公司股票的情况较多。这一方面说明过度投资产生的原因远不止经理人薪酬激励一个因素，可能更多的受经理人过度自信等心理因素的影响，或者经理人从新项目中的获利远超过其薪酬的激励；另一方面则说明我国上市公司股票价格确定的决定因素太多，上市公司的业绩只是其中一个且影响力较小。

表 5－2　　　　　　　　　　　　变量描述统计

变量	样本量（个）	平均值	标准差	最小值	最大值
（1）总样本					
INV	1982	0.6112217	11.24228	－1.334565	288.897
SALY	1982	13.61308	0.777414	10.9606	16.27417
MSR	1982	0.7289811	3.457161	0	36.79265
SALYMSR	1982	9.997615	47.41257	0	520.03
ROA	1982	0.028849	0.1020818	－1.750445	1.089196
FCF	1982	0.3048194	1.156581	－6.368331	19.91369
LEV	1982	0.614774	1.972973	0.019409	69.44935
（2）过度投资样本					
INV	441	3.139972	24.06041	0.0004466	288.897
SALY	441	13.83293	0.7720004	11.51293	16.27417
MSR	441	1.582869	5.548464	0	36.79265
SALYMSR	441	21.54441	75.30559	0	520.03

续表

变量	样本量（个）	平均值	标准差	最小值	最大值
FCF	441	0.4408755	1.870346	−6.368331	19.91369
ROA	441	0.0724415	0.0562893	−0.0295085	0.3726015
LEV	441	0.6222033	0.1882102	0.0424035	1.578465
SIZE	441	22.02046	1.306491	16.16235	27.91079
（3）投资不足样本					
INV	477	−0.1997889	0.1975736	−1.334565	−0.000323
SALY	477	13.57378	0.740585	11.58478	16.13785
MSR	477	0.497879	2.276216	0	16.46867
SALYMSR	477	6.919673	31.93019	0	235.8727
FCF	477	0.0541825	0.0917335	−0.1878455	1.089196
ROA	477	0.1809764	0.7761463	−3.99023	3.239427
LEV	477	0.5241893	0.3871798	0.019409	4.949928
（4）正常投资样本					
INV	1 064	−0.0689042	0.4691049	−1.153894	6.879853
SALY	1 064	13.54165	0.7799662	10.9606	15.62426
MSR	1 064	0.4670456	2.664904	0	34.40554
SALYMSR	1 064	6.433356	36.94595	0	475.8423
FCF	1 064	0.0015267	0.1124925	−1.750445	0.5835865
ROA	1 064	0.3058187	0.8932643	−6.049931	4.635018
LEV	1 064	0.7018192	2.661491	0.028378	69.44935

注：INV 为消除企业规模和行业差异的企业投资；SALY 为经理人现金薪酬的自然对数；MSR 为经理人持股比例；ROA 为总资产收益率；FCF 为每股自由现金流；LEV 为资产负债率；SIZE 为总资产的自然对数。

在控制变量中，反映企业收益情况的总资产收益率（ROA）的均值在过度投资样本中为 0.0724，比投资不足样本和正常投资样本均低得多（分别为 0.1810 和 0.3058），说明过度投资的公司可能在前期的投资中就存在过度投资的现象，使得其 ROA 低下，而厌恶后悔心理和嫉妒心理等因素使得经理人继续进行过度投资。企业的资产规模变量（SIZE）在总样本和各分类样本中相差不大，暗示了非效率投资行为可能会在不同规模的企业发生。表示企业每股自由现金流的变量（FCF）的均值在过度投资样本中为 0.4409，在投资不足样本中为

0.0542，远高于正常投资样本 0.0015。正常投资的标准差也比过度投资的标准差小，说明按数据大小看，过度投资行为通常发生在企业的自由现金流比较充裕没有融资约束的时候，符合自由现金流理论。具体各控制变量和非效率投资之间是否有显著的相关关系，需要进一步对数据进行相关性及回归分析。

过度投资样本变量相关性分析如表 5 - 3 所示。除了股权激励变量 MSR 和现金激励股权激励交乘项 SALYMSR 之间存在严重的相关性之外，变量间的相关系数基本都小于 0.5，没有达到 0.8，各个变量间不存在显著的相关性，说明多重共线性的问题不存在于式（5.1）中。表 5 - 3 则主要考查经理人薪酬制度对过度投资的抑制作用。经理人现金薪酬（SALY）和过度投资（INV）在 10% 的水平上相关，两者之间是负相关关系，说明现金薪酬对过度投资有抑制作用。但股权薪酬（MSR）和现金薪酬与股权薪酬交乘项（SALYMSR）均与过度投资无显著相关关系，说明两者对过度投资没有发挥作用。控制变量中公司绩效（ROA）与过度投资行为在 10% 的水平上正相关，说明绩效好的企业易过度投资。企业负债率（LEV）和企业规模（SIZE）与过度投资均负相关，但其相关性并不显著。各变量的具体影响还要通过回归分析来进行检验。

表 5 - 3   **过度投资样本变量的相关性分析**

变量	INV	SALY	MSR	SALYMSR	ROA	LEV	SIZE
INV	1.0000						
SALY	- 0.0755 *	1.0000					
MSR	- 0.0335	- 0.0840	1.0000				
SALYMSR	- 0.0335	- 0.0717	0.999 ***	1.0000			
ROA	0.0439 *	0.1045 *	- 0.0051	0.0002	1.0000		
LEV	- 0.0075	- 0.0187	- 0.0251	- 0.0252	0.5705 ***	1.0000	
SIZE	- 0.0224	0.3730 ***	- 0.2349 ***	- 0.2308 ***	- 0.2299 ***	- 0.2302 ***	1.0000

注：* 表示在 10% 水平上显著，** 表示在 5% 水平上显著，*** 表示在 1% 水平上显著。

投资不足样本变量相关性分析如表 5 - 4 所示。仍然是除了股权激励变量 MSR 和现金激励股权激励交乘项 SALYMSR 之间存在严重的相关性之外，变量间的相关系数都远小于 0.5，没有达到 0.8，各个变量间不存在显著的相关性，说明式（5.2）不存在多重共线性的问题。表 5 - 4 主要考查的是对投资不足具有抑制作用的经理人薪酬制度。经理人现金薪酬（SALY）和过度投资在5%的水平上相关，两者之间呈显著的相关关系，说明现金薪酬对投资不足有抑制作用。但股权薪酬（MSR）和现金薪酬与股权薪酬交乘项（SALYMSR）仍然与投资不足无显著相关关系，说明两者对投资不足也没有发挥作用。控制变量中公司绩效（ROA）与投资不足行为在5%的水平上负相关，说明绩效差的企业易投资不足。企业自由现金流（FCF）与投资不足在1%的水平上显著相关。企业负债率（LEV）与投资不足负相关，但其相关性并不显著。各变量的具体影响还要通过回归分析来进行检验。

表5-4　　　　　　　　　　投资不足样本变量的相关性分析

变量	INV	SALY	MSR	SALYMSR	ROA	FCF	LEV
INV	1.0000						
SALY	0.1294 **	1.0000					
MSR	0.0506	0.0961 *	1.0000				
SALYMSR	0.0500	0.1094 *	0.9983	1.0000			
ROA	-0.01264 **	0.1261 **	0.1149 **	0.1200 **	1.0000		
FCF	0.2483 ***	0.0018	0.0755	0.0714	0.0289	1.0000	
LEV	-0.1046 *	-0.18713 ***	-0.1113 **	-0.1116 **	-0.0655	-0.0441	1.0000

注：* 表示在10%水平上显著，** 表示在5%水平上显著，*** 表示在1%水平上显著。

第五节　多元回归结果

一、多元回归结果及其分析

表5-5报告了式（5.1）针对过度投资样本的多元回归结果以及式（5.2）针对投资不足样本的多元回归结果。在1%的水平上两个方程式的回归分析F检

验都是显著的，说明模型具有统计学意义。式（5.1）的拟合优度调整后 R^2 只有2%，式（5.2）的拟合优度调整后 R^2 在9%左右，表明整个模型的拟合程度不是很好。但 F 值分别在5%和1%水平上显著，从另一方面说明模型的拟合程度还可以接受，式（5.2）解释变量对被解释变量的解释能力比式（5.1）强。其原因可能是样本数量的限制，另外由于本书所选用数据均为企业微观数据，也在一定程度上对模型的回归结果产生了影响。

表 5 –5 　　　　　　　　　　　多元回归结果

变量	式（5.1）		式（5.2）	
	系数	t 值	系数	t 值
截距项	38.6608	1.25	− 0.6592 ***	− 3.18
SALY	− 2.9513 *	− 2.45	− 0.0358 *	2.37
MSR	− 1.5344	− 0.25	0.0163	0.20
SALYMSR	0.1003	0.22	− 0.0010	− 0.17
ROA	2.6222 *	2.18	− 0.3399 **	− 2.90
FCF			− 0.0627 ***	4.57
LEV	− 0.6421	− 0.80	− 0.0387	− 1.38
SIZE	0.1738	0.14		
F	2.44 **		6.27 ***	
R^2	0.0285		0.1080	
Adj R^2	0.0202		0.0908	
N	294		318	

注： * 表示在10%水平上显著； ** 表示在5%水平上显著； *** 表示在1%水平上显著。

在控制企业收益、企业自由现金流、企业债务和企业规模等因素的情况下，经理人现金薪酬（SALY）在式（5.1）和式（5.2）中都在10%的水平上与非效率投资行为呈显著关系。而且两个方程式中SALY的系数均为负值，经理人现金薪酬与过度投资及投资不足均成反向变动关系，说明随着经理人现金薪酬的增加，过度投资和投资不足等非效率投资行为均明显减少，支持了假设1和假设3。

而式（5.1）的回归结果显示，在控制企业的收益、企业债务以及企业规模等因素的情况下，经理人股权激励水平（MSR）与过度投资程度负相关，但其系数并不显著，说明股权激励对经理人的过度投资行为并没有实质性的影响。其原因可能是我国上市公司中运用股权激励的企业在整个市场中还是少数，且经理人持股比例比较低，导致经理人即使可以通过持股获得企业的部分剩余索取权，但其收益仍然无法满足经理人对私人收益的追求，故对经理人过度投资行为没有起到显著的抑制效果。相同的情况也出现在式（5.2）中，说明经理人股权薪酬激励对整个非效率投资都不存在显著的相关关系，分析结果没有对假设 2 和假设 4 提供支持。同样，经理人现金激励和股权激励的共同作用（SALYMSR）对式（5.1）和式（5.2）来说在任何水平上均不显著，说明现金和股权两种激励手段还没有对经理人产生良好的共同激励效应。

另外，控制变量 ROA 在两个方程式中都在 10% 的水平上显著，说明其对企业的过度投资和投资不足均有较大的影响。其符号在式（5.1）中为正而在式（5.2）中为负，说明对于过度投资样本组来说，ROA 越大的企业越容易过度投资；相反，对于投资不足样本组来说，ROA 越小，企业绩效越差，越容易产生投资不足现象，该结果符合预期。控制变量 FCF 在式（5.2）中在 1% 的水平上与因变量 INV 显著相关，表明自由现金流越少，企业越易出现投资不足的行为，回归结果符合自由现金流理论。控制变量 LEV 与两个方程式都没有显著的相关性，但在两个方程式中其符合均为负号，说明企业的负债水平对其非效率投资行为有着抑制作用，符合简森的债务相机治理理论。控制变量 SIZE 与式（5.1）没有任何水平上的显著相关关系，投资规模对模型中的企业投资变量没有影响，说明第四章中所用方法在一定程度上消除了投资规模不同的"噪音"。

二、稳健性检验

从以上实证分析可以看出，本书的实证结果支持了全部假设。为了检验模型的稳健性，我们使用变换样本数量的方法，采用所有上市公司中过度投资及投资不足最严重的行业样本对上述实证模型进行稳健性检验。

在前述第四章非效率投资行为识别的过程中，将我国 A 股上市公司分为 18

个行业，其中过度投资现象最严重的行业是机械设备仪表业，共有 92 家企业进行过度投资。投资不足行为最严重的行业是石油化学塑胶塑料业，共有 88 家企业投资不足。

采用行业样本对式（5.1）及式（5.2）进行回归分析，其结果显示：对式（5.1）来说，解释变量现金薪酬（SALY）和控制变量公司业绩（ROA）分别在 10% 的水平上显著，股权薪酬（MSR）及现金薪酬股权薪酬的交乘项（SA-LYMSR）和其他控制变量均不显著；对式（5.2）来说，解释变量现金薪酬（SALY）和控制变量公司业绩（ROA）分别在 10% 的水平上显著，控制变量自由现金流（FCF）在 1% 的水平上显著，股权薪酬（MSR）及现金薪酬股权薪酬的交乘项（SALYMSR）和其他控制变量均不显著。该结果对本章模型给予了稳健性支持。

第六节　研究小结

本章从委托代理理论出发，分析了在企业中当经理人同时拥有现金薪酬和股权薪酬时，薪酬激励制度如何影响经理人投资行为的问题。一方面，根据简森以及麦考林等的观点，企业所有者和代理人之间的利益冲突是不可避免的。为了使企业价值和投资者的收益最大化，建立合适的经理人薪酬激励机制是强化公司治理必不可少的环节，适度的薪酬激励对企业的非效率投资能产生有效的抑制作用，从而提高企业投资效率，增加企业价值。但是另一方面，薪酬激励又会增加企业的代理成本，且现金激励通常会催生经理人的短期行为，于是股权激励应运而生。为了充分发挥薪酬激励的作用，本书依据我国资本市场的数据检验了我国上市公司经理人的股权薪酬和现金薪酬对企业非效率投资行为的抑制作用，并对两种薪酬激励的共同作用进行了探讨，对委托代理理论在我国企业中的适用性提供了一定的支持，认为经理人薪酬激励机制能够有效抑制非效率投资。本章采用对我国上市公司的投资行为进行分组研究的分析方法，研究发现，经理人的现金薪酬对企业的过度投资和投资不足行为均能产生抑制作用，主要原因是现金薪酬的回报性大且不确定性小，能够对经理人的私人利益产生即时影响；相比之下，经理人的股权激励制度对非效率投资行为均没有显著影响，其原因是我国上市公司中运用股权激励的企业比例较小，经理人持股比例较低，股权收益无法满足经理人对私人收益的追求。另外，研究结论还显示，经理人现金激励和股权激励两种手段并没有对经理人产生良好的共同激励效应。

第六章
产品市场竞争与投资效率

第一节　问题提出

虽然竞争对企业成本或者技术效率的影响早已被众多研究所证实，但产品市场竞争对经理人的监督和激励作用被人们所关注则是最近几十年才发生。特别是近二十余年，国内外有许多文献讨论竞争与经理人行为的相互关系，并建立了正式的模型。费和海德福克（Fee and Hadfock）[1] 根据对竞争与垄断差异的假设不同，将这些理论归纳为信息假说、管理技术假说、清算威胁假说和利润最大化假说。

无论是哪种假说，产品市场竞争都对降低企业代理成本有着不可磨灭的作用。从这个角度来说，市场竞争起到了和公司治理一样的作用。至于产品市场竞争究竟与公司治理是怎样的关系，学术界并没有一致的观点。

阿吉翁等（Aghion et al.）[2] 构建了基于新制度经济学的理论模型，表明竞争能够对企业以及经理层产生财务压力，从而替代公司治理产生作用。但是霍尔姆斯提姆和米尔格罗姆（Holmstrem and Milgrom）[3] 的分析结果表明，在现有的各种管理层激励机制之间存在明显的互补关系。

施密特（Schmidt，1997）构建的多阶段非信息效应博弈模型则表明，市场竞争对经理层激励同时具有两种不同效应：一方面是产品市场竞争可能产生的清算压力会对经理层产生积极作用；另一方面是市场竞争又可能降低公司的盈利水平而导致降低对经理层积极工作的激励。两种效应的共同作用形成了非线性关系，其表现如下：当完全垄断市场向竞争市场过渡时，产品市场竞争与公司治理之间是替代关系，能够促使经理层更加积极地工作；如果进一步提高市场竞争程度，相反的作用则将产生。因此施密特指出，成功的企业治理系统应

① Fee C. E. and C. J. Hadloek. Management Tumover and Product Market Competition：Empirical Evidence from the U. S. Newspaper Industry. *The Journal of Business*，2000，73（2）：205 – 243.
② Aghion，P.，Dewatripont，M. Competition，Financial Discipline and Growth. *Review of Economic Studies*，1999（66）：825 – 852.
③ Holmstrom B，Milgrom P.. The Firm as an Incentive System. *American Economic Review*，1994，84（4）：972 – 991.

当是外部市场竞争与内部治理机制的有机结合。

同样，产品市场竞争也会对公司的投资效率产生影响。经营者所能支配的资源、各种形式的报酬等通常都与公司规模正相关，因此当企业存在自由现金流时，经理人不会将多余的现金支付给投资者，而是倾向于进行过度投资（Jensen，1986）。另外，由于投资者和经营者之间的信息不对称，当公司内部的现金流不足以对所有 NPV 大于零的项目进行投资而需要从企业外部融资时，经理人无法证明自己与出于企业扩张目的进行筹资的经理人不同，从而导致投资不足（Stulz，1990）。

市场竞争通过增加企业被清算概率、减少信息不对称、提高经理人努力所得边际产出等方式来激励经理人投入更多努力，减少消费代理商品，从而有效降低经理人的代理成本。导致经理层过度投资的主要原因是代理问题，而公司治理就是为解决代理问题而存在的（Hart，1995），因此，如果竞争能促使对公司治理的改善，则可以预期产品市场竞争对企业的非效率投资行为将产生积极影响。

第二节　文 献 回 顾

一、国外的研究

（一）产品市场竞争与代理成本

竞争作为重要的外部治理机制，能否真正有效地降低企业的代理成本？尽管许多的文献都支持了产品市场竞争在降低代理成本方面具有积极作用，但这一回答并未达成共识。

莱本斯坦（Leibenstein，1966）以及马克卢普（Machlup，1967）认为，完

全的产品市场竞争能充分解决企业的代理问题。而一旦产品市场竞争不完全，非效率就会存在；加剧市场竞争会减少企业组织的松懈。当企业处于完全竞争的市场环境时，经理人必须通过持续的努力来降低企业成本、最大化企业利润以维持企业的生存。因此，竞争能使企业组织的管理松懈减少甚至消除。简森和麦考林（1976）与莱本斯坦、马克卢普等人的观点完全相异，他们认为，无论何种企业的所有者，同样希望能够降低企业的代理成本，会对经理人提供相同的激励方案。因此竞争程度对代理成本的降低没有影响。

后续研究大多肯定竞争对降低代理成本的作用。经营者的能力以及其努力的程度通常无法被企业所有者所直接观测到，对股东而言常常只能观测到作为经营者努力结果的企业绩效。但是除经营者的能力和努力外，企业绩效还受到生产力冲击等因素的影响。由于对于同一行业的企业来说生产力冲击通常相关，因而竞争可以强化经营者的激励（Nickell，1996）。

竞争对于企业具有约束力量，可以减少因为企业组织不以最小化成本或不以发挥最大生产效率为目标而造成的系统性松懈（Hart，1983）。哈特指出，市场机制会通过产品价格使不同经营者的行动、努力和效用相关联，在其他公司利润不可观测时同样如此。因此，市场本身来说就是一种激励机制。但哈特还认为企业管理松懈可能被完全消除的情况极其特殊，对于马克卢普等的管理松懈的必要条件之一是产品市场不完全竞争的观点并不支持。哈特同时还强调资本市场竞争等其他竞争机制在抑制经营者懈怠方面同样具有重要作用，产品市场竞争并非约束经营者的唯一途径。

实证研究方面，贾甘纳坦和斯里尼瓦桑（Jagannathan and Srinivasan）[1] 发现，在产品市场竞争强度较低的情况下企业代理问题更严重，他们以美国上市公司为样本的研究对此结论进行了验证，表明产品市场竞争确实能够减少支出的浪费，降低管理的松懈。格里菲斯（Griffith）[2] 针对英国上市公司的实证研究显示，产品市场竞争的加剧能提高企业的生产率。而且在进一步将样本企业按是否存在委托代理问题分类后发现，这种效率的提高只发生在委托代理型企业，表明产品市场竞争在降低代理成本方面可以起到重要作用，为产品

①　Jagannathan R，Srinivasan Shaker B. . Does Product Market Competition Reduce Agency Costs? *North American Journal of Economics and Finance*，1999（10）：387－399.

②　Griffith R. . *Product Market Competition，Efficiency and Agency Costs：An Empirical Analysis*. Working Paper，2001.

市场竞争机制通过降低代理成本提高生产率的观点提供了实证支持。瓜达卢普和皮瑞兹－冈泽雷兹（Guadalupe and Pérez – González）[1] 则实证研究了企业控制权私利受到产品市场竞争的影响，发现二者之间存在强烈负相关关系，且产品市场竞争对控制权私利的减少效应在法律环境差的国家里表现得尤为突出。最终他们得出了产品市场竞争能够对企业的经理人起到约束作用，有助于抑制经理人控制权私利，这样可以达到降低代理成本的目的，并缓解代理问题的研究结论。

齐齐哈瑞等（Chhaochharia et al.）[2] 的研究也得到了相似的结论。他们发现产品市场竞争程度低的行业比竞争程度高的行业的公司效率低，市场竞争减少了代理冲突。此外，齐齐哈瑞等还研究了对不同行业而言萨班斯法案的影响问题，发现在低竞争性行业比在高竞争性行业中，旨在降低代理冲突的萨班斯法案所起到的作用要大得多，对企业效率的提高非常有效。

（二）产品市场竞争与企业投资效率

尼尔森（Nielsen）[3] 研究发现，竞争可能具有正的或负的外部性。在传统的竞争性行业中，某个企业的投资决策降低了其他企业的收益；而在竞争具有正的外部性的行业中，某个企业的投资会增加其他企业投资的收益。

格索尔和朗格尼（Ghosal and Loungani）[4] 以美国制造业为样本的研究发现，在集中度低、竞争性强的行业中，价格的不确定性对投资有显著的反面影响。而在集中度高的行业中，价格不确定性对投资的影响变小而且变得不显著。

以上研究表明，产品市场竞争可以减少企业的非效率投资行为。由于产品市场竞争能够为广大股东提供除财务报表之外的信息，所以可以降低投资者和企业经理人之间的信息不对称现象。此外，竞争所产生的破产清算效应也使经理人在以投资者利益为代价追逐自身利益时的成本增加，迫使经理人在进行决

---

① Guadalupe M，Pérez – González F. . *The Impact of Product Market Competition on Private Benefits of Control.* Working Paper，2006.

② Chhaochharia V，Grinstein Y，Grullon G，Michaely R. . *Product Market Competition and Agency Conflicts：Evidence from the Sarbanes Oxley Law*，FWUE Paper，2008.

③ Nielsen Martin J. Competition and Irreversible Investments. *International Journal of Industrial Organization*，2002（20）：731 – 743.

④ Ghosal V and Loungani P. Product Market Competition and the Impact of Price Uncertainty on Investmenl：some Evidence from U. S. Manufacturing. *The Journal of Industrial Economics*，1996，44（2）：217 – 228.

策时权衡利弊，减少背离企业价值最大化的非效率投资行为。

二、国内的研究

我国学者谭云清和朱荣林[1]以我国上市公司为样本研究发现，产品市场竞争能有效降低企业代理成本，并且对国有企业效果尤为明显。

施东晖[2]、张功富和宋献中[3]针对我国上市公司的研究都支持了产品市场竞争与内部公司治理的互补关系。牛建波和李维安[4]发现相对于企业产出增长的影响来说，产品市场的竞争与适度集中和较为分散的股权结构存在互补关系，而董事会治理和 CEO 兼任董事长与产品市场竞争则存在替代关系。

实证研究上，谭云清（2008）在对产品市场竞争与代理成本关系的研究中发现：对于国有企业来说，竞争提高代理效率、降低代理成本的正面影响显著；而对于非国有企业而言则效果不明显。他将之归因于企业内部治理问题，国有企业为了促使提高生产率需要更多来自产品市场的压力；但对于非国有企业，由于企业产权特征清晰，其对生产率的关注已足够，使得产品市场竞争的影响不明显。在国有产权下，无论从激励手段还是激励水平看，经理层的激励约束机制往往是不足的，产品市场竞争的引入可能更为迫切，效果更为明显（Shleifer 1998；Chen，Firth and Rui，2006）。

与此相类似，张洪辉等（2010）的研究表明产品市场的竞争程度与公司过度投资水平存在负相关关系。为了使结论更为严谨，他们按严重程度对代理问题进行分组再进行实证检验，结果发现经理人的机会主义确实可以被产品市场竞争所弱化。王红艳等（2011）在他们的基础上考虑了我国上市公司特有的产权现实，结果发现在我国上市的国有企业中，公司过度投资受产品市场竞争程度的影响更为明显。

---

[1] 谭云清、朱荣林、韩忠雪：《产品市场竞争、经理人报酬与公司绩效》，载于《管理评论》2008 年第 2 期，第 58～63 页。
[2] 施东晖：《转轨经济中的所有权与竞争：来自中国上市公司的经验证据》，载于《经济研究》2003 年第 8 期，第 46～54 页。
[3] 张功富、宋献中：《财务困境企业资本投资行为的实证研究——来自中国上市公司的经验证据》，载于《财经理论与实践》2007 年第 3 期，第 33～39 页。
[4] 牛建波、李维安：《产品市场竞争和公司治理的交互关系研究——基于中国制造业上市公司 1998～2003 年数据的实证分析》，载于《南大商学评论》2007 年第 1 期，第 83～103 页。

张功富[1]从一个非常有趣的视角考虑，他认为产品市场竞争通过大股东持股有效地抑制了经理层的过度投资。他提出由于产品市场竞争的清算威胁效应对于中国经理层负面影响较小且可置信度低，随着产品市场竞争的加剧，企业的大股东为了避免因清算给自身带来的财富损失而有动机增加持股比例以进一步强化对经理层过度投资的监督，而大股东持股比例的增加可以有效地抑制过度投资。

第三节　假设提出与模型设定

一、假设的提出

产品市场竞争能对公司的内部治理产生互补或者替代效应，其方式有两种：一是提供能降低投资者和企业经理人之间信息不对称的额外信息；二是通过破产清算效应增加经理人追逐自身利益的成本，从而迫使经理人减少非效率投资行为。同时同一行业经营的企业间其生产力的冲击有可能是相关的，因而经理人激励可以被竞争所强化（nickell，1996），从而减少企业的非效率投资行为。

H1：产品市场竞争与过度投资负相关，即产品市场竞争越激烈，企业的过度投资行为越少，竞争可以抑制过度投资的发生；

II2：产品市场竞争与投资不足负相关，即产品市场竞争的激烈程度越低，企业的投资不足行为越多，竞争可以抑制投资不足的发生。

---

[1]　张功富、宋献中：《我国上市公司投资：过度还是不足——基于沪深工业类上市公司非效率投资的实证度量》，载于《会计研究》2009 年第 5 期，第 69 ~ 77 页。

二、模型设定和变量说明

（一）模型的设定

为检验本书提出的假设，可以设定模型，具体如式（6.1）和式（6.2）所示。

$$OVERINV_i = \alpha_0 + \alpha_1 PMC_i + \alpha_2 SALY_i + \alpha_3 PMC_i \times SALY_i$$
$$+ \alpha_4 ROA_i + \alpha_5 LEV_i + \alpha_6 SIZE_i + \varepsilon \qquad (6.1)$$

$$UNDERINV_i = \alpha_0 + \alpha_1 PMC_i + \alpha_2 SALY_i + \alpha_3 PMC_i \times SALY_i$$
$$+ \alpha_4 ROA_i + \alpha_5 FCF_i + \alpha_6 LEV_i + \varepsilon \qquad (6.2)$$

模型中：OVERINV 和 UNDERINV 分别表示过度投资和投资不足；PMC 表示产品市场竞争程度，SALY 表示经理人现金薪酬，PMC×SALY 是产品市场竞争程度与经理人现金薪酬的交乘项；ROA、LEV 和 SIZE 分别表示公司业绩、企业负债率和企业规模。

（二）相关变量说明

1. 被解释变量的构建

延续前文所述的对非效率投资行为的识别，本章仍然选取因变量 INV 来反映企业的投资行为，其计算公式为：

$$INV_i = \frac{(I_{2008,i} + I_{2009,i})}{2} - INDINV_j \qquad (6.3)$$

式中 i 表示某一上市公司，j 表示该上市公司对应的行业，$INDINV_j$ 表示 2008 年和 2009 年该行业的平均投资额。其中 I 的计算公式、注意事项及作用参见式（3.1）以及相关文字内容。

2. 解释变量

就国内外学者对于产品市场竞争的研究而言，对于如何确定反映产品市场竞争程度的变量，目前还没有形成一个一致性的意见，主要有以下几种观点：

（1）行业内企业数量指标。

该指标认为企业数量的多少反映了行业内的竞争状况。在同一行业内企业数量较少的情况下，通常单个企业的行为易受竞争对手行为的影响，因此必须考虑竞争对手所制定的战略后再来制定自身企业的竞争战略；但同一行业内企业数目较多时，则市场趋向于完全竞争态势，单个的企业只能作为竞争以及价格的接受者，其行为不易受竞争对手行为的影响，因此在企业做决策的时候可以对竞争对手的行为较少甚至不加以考虑。可以看出，在企业数量较多的行业里，产品市场竞争对企业行为的影响更明显，企业面临的压力也更大。姜付秀和刘志彪（2005）在研究中就使用企业数目作为反映产品市场竞争状况的一个指标。但该指标在使用中仅以数量来表示竞争状况来进行行业间竞争强弱的比较有些片面，且不能反映企业自身所处竞争环境的差异性。

（2）市场集中度指标。

在产业组织理论的相关文献里，被学者们用来反映产品市场竞争强度的指标最常见的有以下几种：行业的市场集中度比率 CR、赫因芬得指数（Herfindahl Index，HHI）和交叉价格弹性等。

市场集中度比率度量的是行业中最大的 n 家厂商的产出占行业总产出的比例。产品市场集中度越高，说明行业中的前几大企业对市场的控制能力就越强，企业之间的竞争也就越弱。但是，它反映不出企业之间行为的相互影响程度，而且行业内的所有企业只可能有一种指标，反映不出企业个体竞争状况的差异。

赫芬因德指数为市场集中度综合指数，即：

$$HHI = \sum \left(\frac{X_i}{X} \right)^2 \tag{6.4}$$

其中，$X = \sum X_i$，X_i 为企业 i 的销售额。赫芬因德指数合理地反映了产业的市场集中程度，可以大体地反映产业的竞争情况。在产业经济中经常用该指标表示企业面临的产品市场竞争，但是用同一个指标来表示不同企业面临的竞争程度存在较大偏差，这一点和市场集中度比率存在的缺陷一样。姜付秀和刘志彪（2005）在研究中也用到这一指标。

交叉价格弹性指标由于企业定价资料很难获得，不具有可操作性，尚没有见到有关文献。

（3）企业盈利性指标。

这类指标可以看作是一种产品市场竞争产生作用的结果。在企业面临的产品市场竞争状况不太激烈的情况下，如果以比边际成本高许多的价格出售其产品，就可以获得高额的利润率；反之，如果面临激烈的竞争，则可能获得的利润率很低。企业面临的竞争与产品的利润率之间存在的是反向变化的关系。因此，国内外一部分学者采用企业盈利相关指标来表达产品市场竞争的激烈程度，国外学者如尼克尔（Nickell，1996）、格罗斯费尔和特雷塞尔（Grosfeld and Tressel，2002）等使用经过调整的息税前利润（EBIT），国内学者如施东辉（2003）选用主营业务利润率等财务指标来衡量制造业企业的产品市场竞争程度，虞慧晖和贾婕（2005）使用企业相对的销售额（销售营业额与总资产的比例）作为产品市场竞争战略的指标，李致平和胡金凤（2006）以企业的主营业务收入作为产品市场竞争的替代变量，曲耀辉、姜付秀和陈朝晖（2007）则认为单一的指标无法反映产品市场竞争状况，并将主营业务利润率、存货周转率、应收账款周转率三个指标利用主成分法合成一个指标来替代企业所在市场的竞争状况。可以看出企业盈利性指标的运用还是较为广泛的。

以上指标从描述对象来看可以归为两大类：一类是反映企业外部环境的指标，如企业数量、市场集中度指标，该类指标反映了整个行业的产品市场竞争状况，使用这些指标的结果是一个行业里所有企业都只有一个竞争强度指标，也不能反映出企业自身在行业竞争中的地位；另一类是反映企业内部收益的指标，如利润率、销售收入等，这些指标都只能反映出企业自身的经营情况，在不了解行业整体竞争的情况下，很难看出企业在行业竞争中所处的地位，更无法进行行业间企业的分析。故本书认为这些指标在考虑产品市场竞争中不能准确的表达企业的产品市场竞争状况。

（4）构建产品市场竞争指标。

由上述分析可知，想要构建能够反映企业市场竞争状况的指标，既要从企业自身状况出发，又要考虑行业整体情况，只有两者结合才能够准确表现企业所在的产品市场竞争环境如何。通过研究文献的回顾我们可以知道，在企业中最能反映其产品市场竞争状况的指标就是企业的销售单价以及销售数量。由于销售数量和单价数据无法准确获得，因此本书使用企业的主营业务收入来替代，这一点同虞慧晖和贾婕（2005）以及李致平和胡金凤（2006）等的观点一致。本书进一步考虑采用某个企业在某一年里的主营业务收入占整个行业当年主营业务收入总额的百分比来作为衡量产品市场竞争程度的变量（$REVR_i$），具体公式为：

$$REVR_{i,j} = \frac{REVENUE_{i,j}}{INDREV_j} \qquad (6.5)$$

式（6.5）中，$REVENUE_{i,j}$ 表示在 j 行业内单个上市公司的某年主营业务收入，$INDREV_j$ 表示 j 行业该年的主营业务收入总额。这一指标一方面考虑了企业内部的经营状况，另一方面也考虑了企业在整个行业竞争中所处的地位，将企业内部指标和外部竞争状况能够很好地结合起来，相比之下能更准确地反映企业的产品市场竞争状况。该指标是一个逆向的指标，当该指标下降时，企业面临的竞争状况趋于激烈，从战略承诺主体的角度来看说明企业采取的可能是激进的产品竞争战略；当该指标上升时，则表明企业面临的激励竞争状态趋于缓和，企业可能采取了温和的产品竞争战略。

（5）我国上市公司产品市场竞争现状。

表 6 - 1 给出了我国上市公司 2008～2016 年间不同企业的 REVR 的区间分布情况。从中可以看出，有大约 74.41% 的企业的产品市场竞争水平都低于平均数，而根据该指标的峰度统计，达到 10.13 属于左偏，说明我国上市公司中绝大多数企业面临着激烈的产品市场竞争，其中该指数小于 0.005 的企业家数达到了 45%，有 2 412 个样本；大于 0.1 的有 151 家，说明在某些行业中可能存在着一定数量的大型国有企业占据行业的龙头地位，它们面临的竞争压力相对较小。

表 6 - 1　　　　　　　　　我国上市公司 REVR 分布情况

REVR 区间	分布公司数（家）	累积（%）
0	2	0.04
0.005	2 412	45.00
0.01	1 059	64.73
0.015	519	74.41
0.02	332	80.60
0.025	203	84.38
0.03	133	86.86
0.035	101	88.74
0.04	93	90.48
0.045	68	91.74
0.05	71	93.07

续表

REVR 区间	分布公司数（家）	累积（%）
0.055	43	93.87
0.06	36	94.54
0.065	21	94.93
0.07	28	95.45
0.075	23	95.88
0.08	14	96.14
0.085	20	96.51
0.09	16	96.81
0.095	12	97.04
0.1	8	97.19
其他	151	100.00
REVR 平均：0.0168		

由于条件所限我们只能选择上市公司作为研究对象。考虑到上市公司企业所具有的行业代表性以及其他学者研究的示范作用，以我国上市公司的企业作为行业的代表这一做法是可行的。

3. 控制变量

本书采用经理人现金薪酬作为产品市场竞争对投资效率影响模型的控制变量（control variable）。为了与前述第五章的计算方式统一，也为了能运用第三章中对我国上市公司投资行为的分组，我们仍然取报酬最高的前三位高管人员报酬总额的自然对数来度量经理人现金薪酬激励。

本书中还建立了产品市场竞争与经理人现金薪酬的交乘项来考量两者对非效率投资的共同作用。

除此之外，仍然选择公司业绩（ROA）、企业自由现金流（FCF）、企业负债率（LEV）和企业规模（SIZE）作为模型的控制变量。[①]

---

① 由于本书在计算被解释变量 INV 的时候考虑投资规模的目的是使得不同规模的企业的投资具有可比性，但过度投资的发生常与企业的投资规模有关，所以在建立过度投资模型的时候加入了企业规模为控制变量；而投资不足行为则更多地受企业拥有的自由现金流所限，建立投资不足模型的时候加入企业自由现金流作为控制变量。另外，计算 INV 时已减去了行业平均投资指标 I，因此模型的控制变量中不需要重复考虑行业差异。

第四节　样本选择与描述统计

一、样本的选择

本书选取 2008～2016 年沪深两市的 A 股上市公司为样本，为了得到所需的最终样本，需要按照前述对非效率投资行为的识别方法对 2008 年前的上市公司进一步进行分析。其样本数据建立在第四章中对样本分类的基础之上。由于识别非效率投资行为过程需要运用企业投资以后若干年的绩效数据加以检验，所以样本公司的年度选择本书选取的是 2012 年和 2013 年。不同类型投资行为的样本数及其比例等最终结果如表 4－1、表 4－2 和表 4－3 所示。

本书所采用的财务数据与公司治理数据均来自国泰安（CSMAR）数据库，且样本的选取与第四章相同，经过处理，最后获得 1 321 个观测值作为研究样本，其中发生过度投资的观测值为 294 个，占样本总数的 22.26%；发生投资不足的观测值为 318 个，占样本总数的 24.07%。样本整理过程见表 5－1。

本书使用 Excel2010 和 Stata12 等统计软件进行数据处理及统计分析。

二、描述性统计

从表 6－2 看出，在经过运用相对资产指标以排除投资规模的干扰以及消除行业影响后，反映企业投资情况的因变量 INV 在总样本中的均值为 0.6112，在过度投资、投资不足和正常投资样本中则分别为 3.1400、－0.1998 和 －0.0689，从中我们可以看出，就企业投资规模而言，过度投资样本大大高于其他样本，而投资不足样本则远远小于其他样本。产生这样的结果固然有样本划分方法的原因，但仍然反映了过度投资类型的企业和投资不足类型的企业在投资规模上的自然表现。因变量产品市场竞争（PMC）的均值在过度投资样本中的数值最大，为0.0191，说明竞争力越强的公司越容易过度投资。

表6-2　　　　　　　　　　变量描述统计

变量	样本量	平均值	标准差	最小值	最大值
（1）总样本					
INV	1 321	0.6112217	11.24228	-1.334565	288.897
PMC	1 321	0.0130058	0.0405505	3.45e-07	0.6910728
SALY	1 321	13.61308	0.777414	10.9606	16.27417
PMCSALY	1 321	9.997615	47.41257	0	520.03
ROA	1 321	0.028849	0.1020818	-1.750445	1.089196
FCF	1 321	0.3048194	1.156581	-6.368331	19.91369
LEC	1 321	0.614774	1.972973	0.019409	69.44935
（2）过度投资样本					
INV	294	3.139972	24.06041	0.0004466	288.897
PMC	294	0.0191434	0.0538572	0.0000174	0.6910728
SALY	294	13.83293	0.7720004	11.51293	16.27417
PMCSALY	294	0.2698732	0.748906	0.0002361	9.254326
FCF	294	0.4408755	1.870346	-6.368331	19.91369
ROA	294	0.0724415	0.0562893	-0.0295085	0.3726015
LEV	294	0.6222033	0.1882102	0.0424035	1.578465
SIZE	294	22.02046	1.306491	16.16235	27.91079
（3）投资不足样本					
INV	318	-0.1997889	0.1975736	-1.334565	-0.000323
PMC	318	0.0088031	0.0212592	0.0000227	0.2362981
SALY	318	13.57378	0.740585	11.58478	16.13785
PMCSALY	318	0.1193828	0.2906634	0.0003062	3.166394
FCF	318	0.0541825	0.0917335	-0.1878455	1.089196
ROA	318	0.1809764	0.7761463	-3.99023	3.239427
LEV	318	0.5241893	0.3871798	0.019409	4.949928

变量	样本量	平均值	标准差	最小值	最大值
（4）正常投资样本					
INV	709	− 0.0689042	0.4691049	− 1.153894	6.879853
PMC	709	0.0141363	0.0435821	3.45e − 07	0.3965273
SALY	709	13.54165	0.7799662	10.9606	15.62426
PMCSALY	709	6.433356	36.94595	0	475.8423
FCF	709	0.0015267	0.1124925	− 1.750445	0.5835865
ROA	709	0.3058187	0.8932643	− 6.049931	4.635018
LEV	709	0.7018192	2.661491	0.028378	69.44935

注：INV 为消除企业规模和行业差异的企业投资；SALY 为经理人现金薪酬的自然对数；MSR 为经理人持股比例；ROA 为总资产收益率；FCF 为每股自由现金流；LEV 为资产负债率；SIZE 为总资产的自然对数。

控制变量中过度投资样本的经理人现金薪酬（SALY）水平基本上与正常投资样本、投资不足样本以及三者所形成的总样本中经理人现金薪酬水平差别不大，均在 13.54 ~ 13.83。进一步研究发现该指标的标准差也比较小，说明整个上市公司的经理人现金薪酬没有本质性差异。反映企业收益情况的总资产收益率（ROA）的均值在过度投资样本中为 0.0724，比投资不足样本和正常投资样本均低得多（分别为 0.1810 和 0.3058），说明过度投资的公司可能在前期的投资中就存在过度投资的现象，使得其 ROA 低下，而厌恶后悔心理和嫉妒心理等因素使得经理人继续进行过度投资。企业的资产规模变量（SIZE）在总样本和各分类样本中相差不大，暗示了非效率投资行为可能会在不同规模的企业发生。表示企业每股自由现金流的变量（FCF）的均值在过度投资样本中为 0.4409，在投资不足样本中为 0.0542，远高于正常投资样本的 0.0015，过度投资的标准差也大于正常投资的标准差，说明从数据人小的角度来看，过度投资行为通常发生在企业的自由现金流比较充裕没有融资约束的时候，符合自由现金流理论。具体各控制变量和非效率投资之间是否有显著的相关关系，需要进一步对数据进行相关性及回归分析。

过度投资样本变量相关性分析如表 6-3 所示。除了产品市场竞争指标 PMC 和产品市场竞争与经理人现金薪酬交乘项 PMCSALY 之间存在严重的相关性之外，变量间的相关系数基本都小于 0.5，没有达到 0.8，各个变量间不存在显著的相关性，说明式（6.1）不存在多重共线性的问题。表 6 - 3 主要考查的是对过度投资具有抑制作用的产品市场竞争，但是式（6.1）中产品市场竞争指标（PMC）与 INV 之间虽然相关系数为负但在任何水平上都不显著，表明产品市场竞争的加剧会抑制经理人的过度投资行为，但两者之间并不存在显著的相关关系。控制变量中经理人现金薪酬（SALY）和过度投资在 10% 的水平上相关，两者之间是负相关关系，说明现金薪酬对过度投资有抑制作用。但产品市场竞争与现金薪酬交乘项（PMCSALY）和过度投资无显著相关关系，说明两者对过度投资没有发挥共同作用。公司绩效（ROA）与过度投资行为在 10% 的水平上正相关，说明绩效好的企业易过度投资。企业负债率（LEV）和企业规模（SIZE）与过度投资均负相关，但其相关性并不显著。各变量具体影响还要通过回归分析来进行检验。

表 6 - 3　　　　　　　　　**过度投资样本变量的相关性分析**

变量	INV	PMC	SALY	PMCSALY	ROA	LEV	SIZE
INV	1.0000						
PMC	− 0.0202	1.0000					
SALY	− 0.0755 *	0.1224 **	1.0000				
PMCSALY	− 0.0217	0.9988 ***	0.1422 **	1.0000			
ROA	0.0439 *	− 0.0158	0.1045 *	− 0.0129	1.0000		
LEV	− 0.0075	− 0.0122	− 0.0187	− 0.0122	0.5705 ***	1.0000	
SIZE	− 0.0224	0.5013 ***	0.3730 ***	0.5104 ***	− 0.2299 ***	− 0.2302 ***	1.0000

注：* 表示在 10% 水平上显著，** 表示在 5% 水平上显著，*** 表示在 1% 水平上显著。

投资不足样本变量相关性分析如表 6 - 4 所示。同上所述，除了产品市场竞争变量 PMC 和产品市场竞争与现金激励交乘项 PMCSALY 之间存在严重的相关性之外，变量间的相关系数都远小于 0.5，没有达到 0.8，各个变量间不存在显著的相关性，说明式（6.2）不存在多重共线性的问题。表 6 - 4 主要考查的是产品市场竞争对投资不足是否具有抑制作用。式（6.2）中产品市场竞争指标（PMC）与 INV 之间相关系数为正，但在任何水平上都不显著，说明随着市场竞争的加剧企业的投资不足会增加，但两者之间的相关关系并不显著。控制变量中经理人现金薪酬（SALY）和过度投资在 5% 的水平上相关，两者之间呈显著的正相关关系，说明经理人现金薪酬减少对投资不足有抑制作用。但产品市场竞争和现金薪酬的交乘项（PMCSALY）仍然与投资不足无显著相关关系，说明产品市场竞争和现金薪酬对投资不足也没有发挥作用。公司绩效（ROA）与投资不足行为在 5% 的水平上负相关，说明绩效差的企业易投资不足。企业自由现金流（FCF）与投资不足在 1% 的水平上显著相关。企业负债率（LEV）与投资不足在 10% 的水平上呈负相关关系。各变量的具体影响还要通过回归分析来进行检验。

表 6 - 4 投资不足样本变量的相关性分析

变量	INV	PMC	SALY	PMCSALY	ROA	FCF	LEV
INV	1. 0000						
PMC	0. 0379	1. 0000					
SALY	0. 1294 **	- 0. 0070	1. 0000				
PMCSALY	0. 0390	0. 9983 ***	0. 0200	1. 0000			
ROA	- 0. 01264 **	0. 0446	0. 1261 **	0. 0473	1. 0000		
FCF	0. 2483 ***	0. 0291	0. 0018	0. 0305	0. 0289	1. 0000	
LEV	- 0. 1046 *	0. 0495	- 0. 1871 ***	0. 0314	- 0. 0655	- 0. 0441	1. 0000

注：* 表示在 10% 水平上显著，** 表示在 5% 水平上显著，*** 表示在 1% 水平上显著。

第五节 多元回归结果

一、多元回归结果及其分析

表 6 - 5 报告了式（6.1）针对过度投资样本和式（6.2）针对投资不足样本的多元回归结果。模型回归分析的 F 检验均在 5% 及以上水平上显著，说明两个方程式都具有统计上的意义。式（6.1）的拟合优度调整后 R^2 只有不到 2%，式

（6.2）的拟合优度调整后 R^2 接近 10%，表明整个模型的拟合程度不是很好。但 F 值分别在 5% 和 1% 水平上显著，从另一方面说明模型的拟合程度还可接受，式（6.2）解释变量对被解释变量的解释能力比式（6.1）强。其原因可能是因为样本数量的限制，另外由于本书所选用数据均为企业微观数据，对模型的回归结果也有一定的影响。

表 6 − 5　　　　　　　　　　　　　多元回归结果

	式（6.1）		式（6.2）	
	系数	t 值	系数	t 值
截距项	27.1859	0.79	− 0.7863 ***	− 3.57
PMC	36.7144	0.07	14.0850	1.44
SALY	− 2.8769 *	− 2.36	0.0454 **	2.82
PMCSALY	− 3.4525	− 0.08	− 1.0021	− 1.41
ROA	31.4593 *	2.26	− 0.3435 **	− 2.96
FCF			0.0634 ***	4.66
LEV	− 0.6027	− 0.75	− 0.0515	− 1.79
SIZE	0.6392	0.46		
F	2.56 **		6.70 ***	
R^2	0.0215		0.1145	
Adj R^2	0.0167		0.0974	
N	294		318	

注：* 表示在 10% 水平上显著，** 表示在 5% 水平上显著，*** 表示在 1% 水平上显著。

在控制了企业的收益情况、经理人现金薪酬、企业自由现金流、企业债务和企业规模等因素的情况下，产品市场竞争在式（6.1）和式（6.2）中都与非效率投资行为没有显著的相关关系。研究结论没有对假设 1 和假设 2 支持，其原因可能是因为产品市场竞争状况在 2008 年的大环境下与正常情况有异，使得竞争对非效率投资的抑制作用没有得到发挥。

式（6.1）中控制变量 SALY 在 10% 的水平上显著，其符号与过度投资相反，说明在考虑产品市场竞争影响下经理人的现金薪酬对过度投资仍然有明显的抑制作用。式（6.2）中 SALY 更是在 5% 的水平上显著，但是其符号与投资不足相同，究其原因，可能是 2008～2009 年间世界金融危机的影响，使得经理人的现金薪酬有较明显的减少，同时对投资不足有一定的改善和抑制。另外，回归结果显示，产品市场竞争与经理人现金薪酬的共同作用（PMCSALY）对式（6.1）和式（6.2）来说在任何水平上均不显著，说明从这两组样本来看，产品市场竞争现金和经理人现金薪酬没有产生共同效应。

另外，控制变量 ROA 在两个方程式中分别在 10% 和 5% 的水平上显著，说明其对企业的过度投资和投资不足均有较大的影响。其符号在式（6.1）中为正而在式（6.2）中为负，说明对于过度投资样本组来说，ROA 越大的企业越容易过度投资；相反，对于投资不足样本组来说，ROA 越小，企业绩效越差，越容易产生投资不足现象，该结果符合预期。控制变量 FCF 与式（6.2）在 1% 的水平上显著相关，表明企业的自由现金流越少，越容易出现投资不足的行为，回归结果符合自由现金流理论。控制变量 LEV 与两个方程式都没有显著的相关性，但在两个方程式中其符合均为负号，说明企业的负债水平对其非效率投资行为有着抑制作用，符合简森的债务相机治理理论。控制变量 SIZE 与式（6.1）没有任何水平上的显著相关关系，投资规模对模型中的企业投资变量没有影响，说明在第四章中所用方法在一定程度上消除了投资规模不同的"噪音"。

二、稳健性检验

从以上实证分析可以看出，本书的实证结果支持了全部假设。为了检验模型的稳健性，我们采用变换样本数量的方法，采用所有上市公司中过度投资及投资不足最严重的行业样本对上述实证模型进行稳健性检验。

在前述第四章非效率投资行为识别的过程中，将我国 A 股上市公司分为 18 个行业，其中过度投资行为最严重的行业是机械设备仪表业，共有 51 家企业进行过度投资；投资不足现象最严重的行业是石油化学塑胶塑料业，共有 43 家企业投资不足。

采用行业样本对式（6.1）及式（6.2）进行回归分析，其结果是：对式（6.1）来说，解释变量现金薪酬（SALY）和控制变量公司业绩（ROA）分别在 10% 的水平上显著，产品市场竞争（PMC）及产品市场竞争与现金薪酬的交乘项（PMCSALY）和其他控制变量均不显著；对式（6.2）来说，解释变量现金薪酬（SALY）和控制变量公司业绩（ROA）分别在5%的水平上显著，控制变量自由现金流（FCF）在1%的水平上显著，产品市场竞争（PMC）及产品市场竞争与现金薪酬的交乘项（PMCSALY）和其他控制变量均不显著。该结果对本章模型给予了稳健性支持。

第六节　研究小结

本章从产业组织理论出发，分析了当企业面临不同的竞争态势时，产品市场竞争对企业投资行为的影响。总体说来，企业非效率投资行为的动机源自竞争压力下企业经理人投资扩张的偏好、经理人对自身利益的追逐和其建立企业王国的心理需求等，但其本质原因在于公司治理机制的不完善，说明企业的内部治理结构与委托代理出了问题。从长远发展和科学决策角度来看，企业仅仅依靠股东大会、董事会和监事会等权力制衡的内部治理机构进行自我调整是远远不够的，还需要发挥资本市场、产品市场以及经理人市场等外部机制的制约和规范作用。

本书依据我国资本市场的数据，通过实证研究检验了产品市场竞争对非效率投资行为的抑制作用，并对竞争与公司治理的重要构成部分——经理人现金薪酬的共同作用进行了探讨，对产品市场竞争理论在我国企业中的适用性提供了一定的支持，认为提高竞争的激烈程度能够有效抑制非效率投资。本章对我国上市公司的投资行为采用分组研究的分析方法，研究了产品市场竞争对我国企业投资行为的影响，研究结果虽然支持了文章假设，但是产品市场竞争对企业的过度投资和投资不足行为的抑制作用均不显著。其主要原因是我国上市公司的产品市场竞争状况在2008年世界性金融危机的影响下发生了本质的变化，企业的投资状况也与正常时期不同，再加上样本的数量并不大，使得竞争对非效率投资的影响低于预期。

第七章
研究结论

在前面研究的基础上，本章将对研究发现进行综合和总结，指出研究中的创新之处，并简要阐述本研究带来的启示，然后，检讨本书中存在的不足，确立以后研究的方向。

第一节　研究总结

企业投资效率是一个国际性的有关资本市场资源配置和投资者利益保护的重大问题。西方国家资本市场经理人的投资行为及其影响因素在学术界引起了广泛的重视，当前和经理人非效率投资的相关研究及其成果均较为丰富，对企业投资理论的研究和企业投资实务的运行都有着积极的影响。对我国来说，企业投资效率研究可以为企业制定薪酬激励机制提供依据，为公司治理研究提供新的视角，为产品市场竞争研究带来新的契机；企业投资效率的研究成果可以为投资者决策、国有企业改革和民营企业发展等提供政策依据。但相对来讲，我国学者对企业非效率投资的关注仍不够，相关研究成果的深度和可操作性仍值得进一步拓展。

本书以投资效率为研究视角，研究了产品市场竞争及公司内部治理与我国上市公司投资行为之间的关系。本书首先对企业投资效率研究的缘起进行了回溯，在分析了投资效率研究的意义后，提出了研究框架；以公司治理理论、产权理论以及行为财务理论为指导，分析了影响我国上市公司投资效率的制度背景，并剖析了非效率投资的发生机理。在此基础之上，本书评述了原有过度投资的检验方法，并运用行业比较构建了新的非效率投资识别方法，将我国上市公司划分为过度投资、投资不足及正常投资三个群组，目的是更好的研究存在非效率投资的企业，并为进一步研究非效率投资的治理提供准确的数据支持。本书用这种非效率投资的识别方法对公司内部治理中的重要组成部分——经理人薪酬制度以及企业外部的产品市场竞争对企业投资行为的影响进行了实证分析，为探明企业非效率投资的治理道理提供了理论和实证支持。为了保证研究的可靠性，在研究模型中，本书控制了企业绩效、企业自由现金流、企业规模以及企业负债等因素对因变量的影响，并对模型的显著性进行了分析。

本书研究发现：

（1）在企业的剩余索取权与剩余控制权不对应的情况下，企业经理人为了某些个人利益，有动机在做出企业的投资决策的时候进行过度投资或者投资不足等决策。这种为了达到私有利益的非效率投资行为必然影响企业发展和股东利益，对社会资源也产生了极大的浪费。

（2）非效率投资的发生反映了企业公司内部治理机制存在较严重的缺陷。对国内外资本市场所进行的一系列研究揭示出，当前企业所存在的主要公司治理问题是企业外部投资者与公司经理人之间的代理问题，正是由于这种代理问题的存在导致了非效率投资的发生。

（3）对现有的非效率投资度量方法进行分析，发现其存在诸如未考虑投资项目的完成周期、未考虑投资回报问题以及未考虑投资行为的行业影响等问题，构建新的非效率投资识别方法成为当务之急。

（4）运用新的非效率投资识别方法进行比较分析，发现我国上市公司无论是分行业还是上市公司总体在 2012～2013 年的平均投资水平相比于 2002～2003 年均有大幅的提高；非效率投资在大多数行业均有明显下降，这说明了我国资本市场日渐成熟，上市公司的治理机制逐步完善；也体现了面对世界性金融危机下激烈的产品市场竞争迫使经理人对非效率投资加以抑制。

（5）经理人现金薪酬与企业非效率投资有较密切的相关关系。现金薪酬与过度投资及投资不足均成反向变动关系，说明随着经理人现金薪酬的增加，过度投资和投资不足等非效率投资行为均明显减少。经理人股权薪酬与企业非效率投资不是密切相关，我国上市公司中运用股权激励的企业比例小，经理人持股比例低，使经理人通过持股获得的剩余索取权收益无法满足其对私人收益的追求，故对经理人过度投资行为没有起到显著的抑制效果。经理人的现金薪酬和股权薪酬没有共同激励效应。

（6）公司业绩与过度投资显著正相关，与投资不足显著负相关，说明公司业绩越好，企业越容易过度投资，而公司业绩越差，企业越容易产生投资不足；企业自由现金流与过度投资不存在显著的相关关系，但与投资不足密切相关，表明在 2012～2013 年，自由现金流充足的企业并未因此发生过度投资，但自由现金流不充裕的企业明显受到融资约束，投资不足行为由此产生；企业负债率与两种非效率投资行为都呈负相关关系，但不显著，说明企业的负债水平对其非效率投资行为有着抑制作用，符合简森的债务相机治理理论；企业规模与所建过度投资及投资不足模型都没有显著的相关性，说明前文所建立的非效率投资识别方法在相当程度上消除了投资规模不同的"噪音"。

（7）产品市场竞争与两种非效率投资行为没有显著的相关关系。研究结论没有支持产品市场竞争对过度投资及投资不足有抑制作用的假设，其原因可能是因为产品市场竞争状况在 2012 年的市场大环境下，竞争对非效率投资的抑制作用没有得到发挥。另外从 2012～2013 年这两组过度投资和投资不足样本来检验，产品市场竞争现金和经理人现金薪酬没有产生共同效应。

第二节 研究创新

第一，构建了新的非效率投资识别和度量方法。在评述国内外学者对非效率投资的理论及模型的基础之上，本书构建了适合我国上市公司实际情况的非效率投资识别和度量方法，并将之应用于第四～六章的实证研究，对该方法进行了检验，为我国学者今后的非效率投资研究提供了新的思路和方法选择。

第二，对近年我国上市公司治理效率的提升进行了数量检验。本书运用非效率投资的识别方法，对 2002～2003 年度我国上市公司非效率投资现象进行分组分析，并与 2012～2013 年度的相同资料分析结果加以比较，发现我国上市公司的投资中非效率部分明显比 2002～2003 年度减少。这一方面揭示了随着证券市场的规范上市公司治理效率的提升，另一方面加深认识了金融危机对我国上市公司投资行为的影响。

第三，综合考虑了现金薪酬和股权薪酬的交叉作用，对不同形式的薪酬制度及其共同作用对上市公司投资效率的影响进行了研究。本书以投资效率为研究视角，研究了经理人薪酬制度的治理效率。在区分上市公司投资效率的基础上，对经理人的现金薪酬和股权薪酬对投资行为的影响进行考量，深化了经理人薪酬和投资行为关系的研究方法。

第四，对经理人投资行为的研究丰富了经理人的投资行为理论。本书从经理人行为的外在压力影响和内在利益需求两个方面对其投资行为的效率进行探讨，丰富了经理人投资行为的影响因素，使得相关研究的适用性更为广泛，为上市公司投资效率研究提供了新的思路。

第五，为产品市场竞争对上市公司投资效率的影响提供了一定的数据支持。本书对我国2012～2013年度间过度投资及投资不足的上市公司与产品市场竞争程度的关系展开了实证研究，进一步验证了产品市场竞争与企业非效率投资之间的关系模型。

第三节　研究不足与进一步研究方向

由于研究条件的限制，本书存在如下不足：

第一，对于非效率投资的影响因素的探讨不够全面深入。由于企业的投资效率受到多方面因素的影响，这些因素既有企业外部的如市场增长率、市场竞争度等，也有企业内部的如企业行业、盈利能力等；既有企业客观的治理要素如董事会构成、经理人薪酬等，也有经理人心理及行为方面的，而且这些因素间可能存在交互影响，要想全方位对之进行探讨并以经验数据对之加以论证，是众多学者长期以来且正在努力进行的。在今后的研究中，笔者也会在这方面继续努力。

第二，国内外单独对投资效率和经理人薪酬制度的关系研究已有许多，但对两者之间反向的相关性研究屈指可数，由于时间和能力所限，本书亦未能将投资行为对经理人薪酬制度的影响作为研究对象，对之加以深入研究。

非效率投资作为投资行为中人们所希望回避的情况，其影响因素众多，非效率投资行为的后果也值得我们关注。对之加以研究探讨，对公司治理的完善、对企业绩效的提高，都具有深远的意义。

第一，进一步考察投资行为对经理人薪酬制度的影响，以便建立更加促进投资者和经理人双赢的薪酬激励制度，完善企业的公司治理。

第二，对经理人投资行为的影响因素进行更深入探讨，从利益的驱动到心理的需求，从企业内部治理的要求到外部市场竞争的压力，进一步进行综合研究。

参考文献

［1］安磊、沈悦、余若涵：《高管激励与企业金融资产配置关系——基于薪酬激励和股权激励对比视角》，载于《山西财经大学学报》2018 年第 12 期。

［2］蔡吉甫：《上市公司过度投资动因研究——基于经理报酬视角的分析》，载于《河北经贸大学学报》2009 年第 5 期。

［3］陈效东、周嘉南、黄登仕：《高管人员股权激励与公司非效率投资：抑制或者加剧?》，载于《会计研究》2016 年第 7 期。

［4］谌新民、刘善敏：《上市公司经营者报酬结构性差异的实证研究》，载于《经济研究》2003 年第 8 期。

［5］［美］德怀特·帕金斯：《从历史和国际的视角看中国的经济增长》，载于《经济学》（季刊）2005 年第 4 期。

［6］杜兴强、王丽华：《高层管理当局薪酬与上市公司业绩的相关性实证研究》，载于《会计研究》2007 年第 1 期。

［7］郭昱、顾海英：《高管薪酬结构对经营绩效的影响》，载于《华东经济管理》2008 年第 4 期。

［8］《国务院关于推进资本市场改革开放和稳定发展的若干意见》，中华人民共和国中央人民政府，http：//www. gov. cn. gongbao/content/2004/content - 63148. htm.

［9］何金耿：《上市公司投资决策的价值依据——来自上市公司的直接证据》，载于《南京社会科学》2002 年第 7 期。

［10］黄乾富、沈红波：《债务来源、债务期限结构与现金流的过度投资——基于中国制造业上市公司的实证证据》，载于《金融研究》2009 年第 9 期。

［11］简建辉、余忠福、何平林：《经理人激励与公司过度投资——来自中国 A 股的经验证据》，载于《经济管理》2011 年第 4 期。

［12］姜付秀：《中国上市公司投资行为研究》，北京大学出版社 2009 年版。

［13］姜付秀、黄嘉、张敏：《产品市场竞争、公司治理与代理成本》，载于《世界经济》2009 年第 10 期。

［14］李秉祥、薛思珊：《基于经理人管理防御的企业投资短视行为分析》，载于《系统工程理论与实践》2008 年第 11 期。

［15］李寿喜：《产权、代理成本和代理效率》，载于《经济研究》2007 年第 1 期。

［16］李鑫：《我国上市公司过度投资行为、程度和形成机理》，载于《山西财经大学学报》2007 年第 6 期。

［17］李增泉：《国家控股与公司治理的有效性——一项基于中国证券市场的实证研究》，上海财经大学博士学位论文，2002 年。

［18］李增泉：《激励机制与企业绩效以项基于上市公司的实证研究》，载于《会计研究》2000 年第 1 期。

［19］林毅夫：《自生能力与我国当前资本市场的建设》，载于《经济学》（季刊）2004 年第 1 期。

［20］刘昌国：《公司治理机制、自由现金流量与上市公司过度投资行为研究》，载于《经济科学》2006 年第 4 期。

［21］刘芍佳、孙霈、刘乃全：《终极产权论、股权结构及公司绩效》，载于《经济研究》2003 年第 4 期。

［22］刘星、杨亦民：《融资结构对企业投资行为的影响——来自沪深股市的经验证据》，载于《预测》2006 年第 3 期。

［23］卢闯、孙健、张修平、向晶薪：《股权激励与上市公司投资行为——基于倾向得分配对方法的分析》，载于《中国软科学》2015 年第 5 期。

［24］陆正飞、韩霞、常琦：《公司长期负债与投资行为关系研究——基于中国上市公司的实证》，载于《管理世界》2006 年第 1 期。

［25］吕长江、张海平：《股权激励计划对公司投资行为的影响》，载于《管理世界》2011 年第 11 期。

［26］吕峻：《股权性质、管理层激励和过度投资》，载于《经济管理》2019 年第 9 期。

［27］［美］罗斯·L. 瓦茨、杰罗尔德·L. 齐默尔曼：《实证会计理论》，陈少华、黄世忠、陈光译，东北财经大学出版社 1999 年版。

［28］牛建波、李维安：《产品市场竞争和公司治理的交互关系研究——基于中国制造业上市公司 1998－2003 年数据的实证分析》，载于《南大商学评论》2007 年第 1 期。

［29］施东晖：《转轨经济中的所有权与竞争：来自中国上市公司的经验证据》，载于《经济研究》2003 年第 8 期。

［30］宋玉臣、乔木子、李连伟：《股权激励对上市公司投资效率影响的实证研究》，载于《经济纵横》2017 年第 5 期。

［31］谭云清：《产品市场竞争与公司治理有效性：理论与实证研究》，上海交通大学博士学位论文，2008 年。

［32］谭云清、朱荣林、韩忠雪：《产品市场竞争、经理人报酬与公司绩效》，载于《管理评论》2008 年第 2 期。

［33］唐雪松、周晓苏、马如静：《上市公司过度投资行为及其制约机制的实证研究》，载于《会计研究》2007 年第 7 期。

［34］童盼、陆正飞：《负债融资、负债来源与企业投资行为——来自中国上市公司的经验证据》，载于《经济研究》2005 年第 5 期。

［35］万华林：《股权激励与公司财务研究述评》，载于《会计研究》2018 年第 5 期。

［36］汪辉：《上市公司债务融资、公司治理与市场价值》，载于《经济研究》2003 年第 8 期。

［37］汪健、卢煜、朱兆珍：《股权激励导致过度投资吗？——来自中小板制造业上市公司的经验证据》，载于《审计与经济研究》2013 年第 5 期。

［38］王红艳、郭桂花：《产权性质、产品市场竞争与公司的过度投资行为》，载于《新疆农垦经济》2011 年第 6 期。

［39］王治、周宏琦：《负债、负债结构与企业投资行为——来自中国上市公司的经验证据》，载于《海南大学学报》（人文社会科学版）2007 年第 2 期。

［40］魏刚：《高级管理层激励与上市公司经营绩效》，载于《经济研究》2000 年第 3 期。

［41］魏明海、柳建华：《国企分红、治理因素与过度投资》，载于《管理世界》2007 年第 4 期。

［42］肖淑芳、石琦、王婷、易肃：《上市公司股权激励方式选择偏好——

基于激励对象视角的研究》，载于《会计研究》2016 年第 6 期。

［43］辛清泉、林斌、王彦超：《政府控制、经理薪酬与资本投资》，载于《经济研究》2007 年第 8 期。

［44］徐倩：《不确定性、股权激励与非效率投资》，载于《会计研究》2014 年第 3 期。

［45］徐寿福：《股权激励会强化管理层的迎合动机吗？——来自上市公司 R&D 投资的证据》，载于《经济管理》2017 年第 6 期。

［46］徐晓东、张天西：《公司治理、自由现金流与过度投资的关系研究》，第四届国际公司治理年会，天津南开大学，2007 年。

［47］［英］亚当·斯密：《国民财富的性质和原因的研究》（下卷），郭大力、王亚南译，商务印书馆 1981 年版。

［48］杨继伟、冯英：《产品市场竞争、高管激励与投资效率》，载于《财会通讯》2016 年第 26 期。

［49］伊志宏、姜付秀、秦义虎：《产品市场竞争、公司治理与信息披露质量》，载于《管理世界》2010 年第 1 期。

［50］于东智、谷立日：《上市公司管理层持股的激励效用及影响因素》，载于《经济理论与经济管理》2001 年第 9 期。

［51］［美］约瑟夫·熊彼特：《经济发展理论》，何畏、易家详译，商务印书馆 1990 年版。

［52］詹雷、王瑶瑶：《管理层激励、过度投资与企业价值》，载于《南开管理评论》2013 年第 16 卷第 3 期。

［53］张功富、宋献中：《财务困境企业资本投资行为的实证研究——来自中国上市公司的经验证据》，载于《财经理论与实践》2007 年第 3 期。

［54］张功富、宋献中：《我国上市公司投资：过度还是不足——基于沪深工业类上市公司非效率投资的实证度量》，载于《会计研究》2009 年第 5 期。

［55］张洪辉、王宗军：《产品市场竞争与上市公司过度投资》，载于《金融评论》2010 年第 1 期。

［56］张晖明、陈志广：《高级管理人员激励与企业绩效——以沪市上市公司为样本的实证研究》，载于《世界经济文汇》2002 年第 4 期。

［57］张俊瑞、赵进文、张建：《高级管理层激励与上市公司经营绩效相关

性的实证分析》，载于《会计研究》2003 年第 9 期。

［58］张维迎：《企业理论与中国企业改革》，北京大学出版社 1999 年版。

［59］周杰：《管理层股权结构对我国上市公司投资行为的影响》，载于《天津商学院学报》2005 年第 5 期。

［60］周业安：《经理报酬与企业绩效关系的经济学分析》，载于《中国工业经济》2000 年第 5 期。

［61］Aghion, P., Dewatripont, M., Competition, Financial Discipline and Growth. *Review of Economic Studies*, 1999（66）: 825 –852.

［62］Alchian, A. and H. Demsetz, Production, Information Costs, and Economic Organization. *American Economics Review*, 1972（62）: 777 –795.

［63］Allen, Gale, Financial Contagion. *Journal of Political Economy*, 2000（2）: 5 –27.

［64］Alti, Aydogan. How sensitive is Investment to Cash Flow When Financing is Frictionless? *Journal of Finance*, 2003, 58（2）: 707 –722.

［65］Bebchuk, L., R., Kraakman, and G, Triantis, Stock Pyramids, Cross – Ownership, and Dual Class Equity: The Mechanisms and Agency Costs of Separating Control from Cash – Flow Rights, *NBER Working Paper* No. 6951, 1999.

［66］Bebchuk and Y. Grinstein. *Firm Expansion and CEO Pay*, Harvard Law School Working Paper, 2007: 53.

［67］Ben D. I., John R. Graham and Harvey Campbell R.. *Managerial Overconfidence and Corporate Policies*, Working Paper, 2006.

［68］Berle, A. and G. Means. *The Modern Corporation and Private Property*, Macmillan, New York, 1932.

［69］Bernanke, B. and Gertler, M.. Agency Costs, Net Worth and Business Fluctuations. *American Economic Review*, 1989（79）: 14 –31.

［70］Bruce D. Grundy, Hui Li. Investor sentiment, executive compensation, and corporate investment. *Journal of Banking & Finance*, 2010（34）: 2439 –2449.

［71］C. A. Hennessy, A. A Levy. *Unified Model of Investment Distortions: Theory and Evidence*. Haas School of Business Working Paper, 2003.

［72］Cai, H., and D. Treisman. Does Competition for Capital Discipline Governments? Decentralization, Globalization, and Public Policy. *American Economic Review*, 2005 (95): 817 – 830.

[73] C. Hadlock. Ownership, Liquidity, and Investment. *RAND Journal of Economics*, 1998 (29).

[74] Chaocharia V, Grinstein Y, Grullon G, Michaely R. . *Product Market Competition and Agency Conflicts*: *Evidence from the Sarbanes Oxley Law*, FWUE Paper, 2008.

[75] Charles P. Hinsmelberg, R. Glenn Hubbard, Darius Palia. Understanding the Determinants of Managerial Ownership and the Link between Ownership and Performance. *Journal of Financial Economics*, 1999 (53): 353 – 384.

[76] Cleary, Sean. The Relationship between Firm Investment and Financial Status. *Journal of Finance*, 1999, 54 (2): 673 – 692.

[77] Coase, Ronald H. . The Nature of the Firm. Economica, 1937 (4): 368 – 405.

[78] Coase, Ronald H. . The Problem of Social Cost. *Journal of Law and Economics*, 1960 (3): 1 – 44.

[79] Dale W. Jorgenson. Capital Theory and Investment Behavior. *The American Economic Reiew*, 1963 (2): 247 – 259.

[80] David Yermack. *Do Corporations Award CEO Stock Options Effectively?* Working Paper, 1994.

[81] DeFond, M. , and J. Jiambalvo. Incidence and Circumstances of Accounting Errors. *The Accounting Review*, 1991 (66): 643 – 655.

[82] Fama, E. F. and Jensen, M. C. , Separation of Ownership and Control. *Journal of Law and Economics*, 1983 (7): 301 – 326.

[83] Fazzari Steven, R. Glenn Hubbard and Bruce Petersen. Financing Constraints and Corporate Investment. *Brooking Papers on Economic Activity*, 1988: 141 – 195.

[84] Fee C. E. and C. J. Hadloek. Management Turnover and Product Market Competition: Empirical Evidence from the U. S. Newspaper Industry. *The Journal of Business*, 2000, 73 (2): 205 – 243.

[85] Finkelstein, Sydney and Donald C. , Hambrick. Chief Executive Compen-

sation：A study of the Intersection of Markets and Political Processes. *Strategic Management Journal*, 1989, 10（2）: 121 – 134.

［86］ Geoffrey S. Rehnert. The Executive Compensation Contract Incentives to Reduce Agency Costs. 37*Stan. L. Rev.* 1985, 1147: 1157 – 1159.

［87］ Ghosal V. and Loungani P. . Product Market Competition and the Impact of Price Uncertainty on Investmenl: some Evidence from U. S. Manufacturing. *The Journal of Industrial Economics*, 1996, 44（2）: 217 – 228.

［88］ Giorgio Canarella, Arman Gasparyan. New Insights into Executive Compensation and Firm Performance: Evidence from a Panel of "New Economy" Firms. *Managerial Finance*, 2008（34）: 537 – 554.

［89］ Griffith R. . *Product Market Competition, efficiency and Agency Costs: An Empirical Analysis*. Working Paper, 2001.

［90］ Grossman, Sanford and Oliver Hart. The Cost and Benefits of Ownership: A Theory of Vertical and Lateral Integration. *Journal of Political Economics*, 1986（20）: 42 – 64.

［91］ Guadalupe M, Pérez – González F. . *The Impact of Product Market Competition on Private Benefits of Control*. Working Paper, 2006.

［92］ Hall. B, Liebman. J. . Are CEOs Really Paid like Bureaucrats? *Quarterly Journal of Economics*, 1998（13）: 653 – 691.

［93］ Hart, O. and Moore. Property Rights and the Nature of the Firm. *Journal of Political Economy*, 1990（98）: 1119 – 1158.

［94］ Hart O. , Moore J. . Debt and Seniority: an Analysis of the Role of Hard Claims in Constraining Management. *The American Economic Review*, 1995（6）.

［95］ Hart Oliver D. . The Market Mechanism as An Incentive Scheme. *The Bell Journal of Economics*, 1983, 14（2）: 366 – 382.

［96］ Heaton, J. B. Managerial Optimism and Corporate Finance. *Financial Management*, 2002（31）: 33 – 45.

［97］ Hermalin, B. . The Effects of Competition on Executive Behavior. *RAND Journal of Economics*, 1992（23）: 350 – 365.

［98］ H. Mehran. Executive Compensation Structure, Ownership, and Firm Performance. *Journal of Financial Economics*, 1995 (38): 163 – 184.

[99] Holmstrom B, Milgrom P.. The Firm as an Incentive System. *American Economic Review*, 1994, 84 (4): 972 – 991.

[100] Holmstrom B.. Moral Hazard in Teams. *Bell Journal of Economies*, 1982 (13): 324 – 340.

[101] Hoshi, Kashyap, Scharfstein. Corporate Structure, Liquidity, and Investment: Evidence from Japanese Industrial Groups.. *Quarterly Journal of Economics*, 1991: 33 – 60.

[102] Jagannathan R, Srinivasan Shaker B.. Does Product Market Competition Reduce Agency Costs? *North American Journal of Economics and Finance*, 1999 (10): 387 – 399.

[103] Jensen, M. and W. Meckling, Theory of the Firm: Managerial Behavior, Agency Costs and Ownership Structure. *Journal of Financial Economics*, 1976 (3): 305 – 360.

[104] Jensen M., Murphy K. J.. Performances Pay and Top Management Incentives. *Journal of Political Economy*, 1990 (12): 225 – 264.

[105] J. M. Abowd. Does Performance-based Managerial Compensation Affect Corporate Performance. *Industrial and Labor Relations Review*, 1990 (43): 52 – 73.

[106] Johnson, S., P. Boone, A. Breach, E. Friedman. Corporate Governance in the Asian Financial Crisis. *Journal of Financial Economics*, 2000 (58): 141 – 186.

[107] J. S. Leonard. *Executive Pay and Firm Performance, in Do Compensation Policies Matter* Ed. R. G. Ehrenberg. Ithaca, N. Y.: LLR Press, 1990.

[108] Kaplan, Steven and Luigi Zingales. Do Investment – Cash Flow Sensitivities Provide Useful Measures of Financing Constraints? *Quarterly Journal of Economics*, 1997, 112 (1): 169 – 215.

[109] K. J. Murphy. Corporate performance and managerial remuneration: An empirical analysis. *Journal of Accounting and Economics*, 1985 (7): 11 – 42.

[110] La Porta, R., F. Lopez-de – Silanes, and A. Shleifer, Corporate Ownership around the World. *Journal of Finance*, 1999 (54): 471 – 517.

[111] La Porta, R. Lopez-de – Silanes, F. Shleifer, A. Vishny, R. W. Legal

Determinants of External Finance. *Journal of Finance*, 1997（52）：1131 – 1150.

[112] La Porta, R. Lopez-de – Silanes, F. Shleifer, A. Vishny, R. W.. Law and Finance. *Journal of Political Economy*, 1998（106）：1113 – 1155.

[113] Leibenstein H.. Allocative Efficiency VS.“X – efficiency”. *American Economic Review*, 1966, 56（3）：392 – 415.

[114] Lundstrum L. L. Corporate Investment Myopia：A Horserace of the Theories. *Journal of Corporate Finance*, 2002, 8（4）：353 – 371.

[115] Machlup F.. Theories of the Firm：Marginalist, Behavioral, Managerial. *American Economic Review*, 1967, 57（1）：1 – 33.

[116] Malmendier Ulrike and Tate Geoffrer. CEO Overvonfidence and Corporate Investment. *The Journal of Finance*, 2005（6）：2661 – 2700.

[117] McCabe George M.. The Empirical Relationship between Investment and Financing：a new look. *Journal of Financial and Quantitative Analysis*, 1979（14）：119 – 135.

[118] Miguel Alberto de, Pindado. Julio, Determinants of Capital Structure：New Evidence from Spanish Panel Data. *Journal of corporate finance*, 2001（7）：77 – 99.

[119] Mitton, T.. A Cross – Firm Analysis of the Impact of Corporate Governance on the East Asian Financial Crisis. *Journal of Financial Economics*, 2002（64）：215 – 241.

[120] Myers, Stewart C. , and Nicholas S. Majluf. Corporate Financing and Investment Decisions When Firms Have Information That Investors do not Have. *Journal of Financial Economics*. 1984（13）：187 – 221.

[121] Narayanan, M. P.. Debt versus Equity under Asymmetric Information. *Journal of Finance*, 1988（23）：39 – 51.

[122] Nickell Stephen J.. Competition and Corporate Performance. *Journal of Political Economy*, 1996, 104（4）：724 – 746.

[123] Nielsen Martin J.. Competition and Irreversible Investments. *International Journal of Industrial Organization*, 2002（20）：731 – 743.

[124] Owen Lamont. Cash Flow and Investment：Evidence from Internal Capital Markets. *Journal of Finance*, 1997, 52（1）：83 – 109.

［125］ Pandada, J and C. Torre, *Universidad de Salamanca*, Working Paper, 2002.

［126］ Rajesh K. Aggarwal, Andrew A. Samwick. Empire – Builders and Shirkers: Investment, Firm Performance, and Managerial Incentives. *Working paper series*, 2002: 1 – 38.

［127］ Richardson S.. Over-investment of Free Cash Flow. *Review of Accounting Studies*, 2006 (11): 159 – 189.

［128］ R. Masson. Executive Motivations, Earnings and Consequent Equity Performance. *Journal of Political Economy*, 1971 (79): 1278 – 1279.

［129］ R. Morck. Management Ownership and Market Valuation: An Empirical Analysis. *Journal of Financial Economics*, 1988 (20): 293 – 315.

［130］ Roll Richard. The Hubris Hypothesis of Corporate Takeovers. *Journal of Business*, 1986 (59): 197 – 216.

［131］ Schaller, H.. Asymmetric Information, Liquidity Constraints and Canadian Investment. *Canadian Journal of Economics*, 1993 (26): 552 – 574.

［132］ Scherer Frederic M.. Market Structure and the Stability of Investment. *The American Economic Review*, 1969, 59 (2): 72 – 79.

［133］ Schmidt Klaus M. Managerial Incentives and Product Market Competition. *Review of Economic Studies*, 1997 (64): 191 – 213.

［134］ Shleifer, A., and R. Vishny. A Survey of Corporate Governance. *Journal of Finance*, 1997 (52): 737 – 783.

［135］ Stulz. R. M.. Managerial Discretion and Optional Financing Policies. *Journal of Financial Economics*, 1990 (3): 26 – 27.

［136］ Watts, R., and J. Zimmerman. Towards A Positive Theory of the Determination of Accounting Standards. *The Accounting Review*, 1978 (53): 112 – 134.

［137］ William R. Baber, Surya N. Janakiraman, Sok – Hyon Kang. Investment Opportunities and the Structure of Executive Compensation. *Journal of Accounting and Economics*, 1996 (21): 297 – 318.

［138］ Yilei Zhang. *Do Capital Structure and Managerial Incentives Act as Substitutes in Controlling the Free Cash Flow Agency Problem*. University of Iowa Working paper, 2005.